AF461839

LE

COURRIER DE LYON

OU

L'ATTAQUE DE LA MALLE-POSTE

DRAME EN CINQ ACTES ET HUIT TABLEAUX

PAR

MM. MOREAU, SIRAUDIN ET DELACOUR

Représenté pour la première fois, à Paris, sur le théâtre de la Gaîté, le 16 mars 1850.

Musique de M. MAUGEANT, chef d'orchestre du théâtre de la Gaîté.

DISTRIBUTION DE LA PIÈCE.

JÉROME LESURQUES père.	MM.	Matis.
JOSEPH LESURQUES fils. / DUBOSC.		Lacressonnière.
DIDIER.		E. Gouget.
JOLIQUET.		Francisque.
LAMBERT.		Rosier.
DUMONT, Courrier.		Charlet.
MAGLOIRE, Postillon.		Riché.
DAUBENTON.		Surville.
CHOPPARD, dit l'aimable.		P. Menier.
COURRIOL.		Baron.
FOUINARD.		Alexandre.
GUERNEAU.		Beaumont.
UN MAITRE DE POSTE.		E. Pépin.
UN GARÇON DE FERME.		Galabert.
JEANNE.	Mmes	Fernand.
JULIE LESURQUES.		Pépin.
LA FILLE DU MAITRE DE POSTE.		Bachelet.
UN GREFFIER.	MM.	Riché.
UN GARÇON DE CAFÉ.		Charles.
UN VOYAGEUR.		Eugène.
UN AGENT.		Aubry.
UN GEOLIER.		Berthe.
UN BOURREAU.		Eugène.
DEUX GENDARMES		Félix et Amand.
UN PRÊTRE.		Lagoute.

Peuple, Hommes et Femmes.

LETTRE

Adressée par la famille Lesurques à MM. les Auteurs du drame nouveau et à l'administration du théâtre de la Gaîté.

Paris, 15 *mars* 1850.

MESSIEURS,

Nous avons assisté à deux répétitions partielles du drame que vous allez faire représenter à la Gaîté, sous le titre de : *Le Courrier de Lyon*.

Le théâtre ne saurait comporter toute la rigueur historique qu'on est en droit d'attendre d'un réquisitoire ou d'un plaidoyer ; nous vous laissons donc la responsabilité de la partie d'imagination du drame nouveau ; mais l'intérêt que vous avez su constamment attacher, dans ce drame, à notre malheureux père, cette triste victime de la plus déplorable des erreurs judiciaires, nous inspire une vive reconnaissance, et nous vous prions d'en accueillir ici l'hommage.

Nous n'hésitons donc pas à vous autoriser à rendre au principal personnage son véritable nom (1).

Agréez, Messieurs, etc.

Par procuration des héritiers de JOSEPH LESURQUES,

D'ANJOU, *son petit-fils*.

(1) Par un sentiment de convenances, facile à comprendre, les Auteurs du *Courrier de Lyon* avaient, jusqu'à la réception de la présente lettre, couvert le nom de LESURQUES du pseudonyme de LECHÊNE.

ACTE PREMIER.

PREMIER TABLEAU.

Un salon chez un traiteur. — Tables à droite et à gauche, une table ronde au milieu; au fond, de chaque côté des fenêtres, deux consoles sur lesquelles il y a des bouteilles et des liqueurs; portes laterales à droite et à gauche.

SCÈNE PREMIÈRE.

CHOPPARD, FOUINARD, *sont assis à la table de droite, ils attendent*; UN GARÇON.

LE GARÇON, *entrant.*

Citoyens, voulez-vous toujours prendre quelque chose en attendant vos amis?

CHOPPARD.

Non.

FOUINARD.

Non.

LE GARÇON.

Comme vous voudrez, Citoyens. Quand vous désirerez qu'on vous serve, vous appellerez. (*Il sort à gauche.*)

SCÈNE II.

CHOPPARD, FOUINARD.

CHOPPARD.

Eh bien! Fouinard, est-ce que ce n'est pas vexant de perdre comme cela son temps à attendre!

FOUINARD, *allant à la fenêtre.*

Et son soleil!... Choppard, une si bellej ournée!... comme on a eu raison d'appeler ce mois-ci, floréal!

CHOPPARD.

Comme qui dirait à cheval sur avril et sur mai.

FOUINARD.

Floréal!... le beau nom! il n'y a pas encore de fleurs, c'es vrai; mais je parie qu'avant quinze jours on verra des feuilles

CHOPPARD, *se levant.*

Il ne viendra pas ce sultan, ce pacha, ce grand lama, ce Courriol... celui qui doit, rien qu'en se montrant, changer en louis d'or, les sous que nous n'avons pas.

FOUINARD, *redescendant.*

Il faut croire qu'il nous apporte une idée... Qu'est-ce que ça peut être, son idée, hein, Choppard?... j'ai comme un pressentiment que c'est une fourniture pour les armées de la République.

CHOPPARD.

Elle serait jolie, l'idée!... Pour faire des fournitures, il faut commencer par fournir quelque chose... Qu'est-ce que tu lui fourniras, toi, à la République?

FOUINARD.

Moi, je ne dis pas... je n'ai rien, je suis un philosophe... mais, toi, tu es loueur de chevaux, à vingt sous l'heure, tu lui fourniras des chevaux.

CHOPPARD.

Si les cavaliers de la République donnent la chasse aux Prussiens avec les chevaux que je loue, ça ne sera pas les Prussiens, qui seront attrapés... Mais il ne vient personne, nom d'un tonnerre !

FOUINARD.

Es-tu bien sûr, que ce soit ici le rendez-vous ?...

CHOPPARD.

Si j'en suis sûr !... tiens !... reconnais-tu cette écriture-là... cette écriture muscadine, comme celui qui l'a gribouillée.

FOUINARD.

L'écriture de Courriol !... eh bien ?...

CHOPPARD.

Eh bien, lis toi-même... « Trouvez-vous, Fouinard et toi, le » 8 floréal, à dix heures du matin, chez Hardouin, traiteur, rue » du Bac, numéro 17. J'y serai... La société veut mettre une » belle affaire en train. Soyez exacts, je vous expliquerai » tout. »

FOUINARD.

Il nous expliquera tout.

CHOPPARD.

Est-ce clair ?... Sommes-nous au 8 floréal, an IV ?

FOUINARD.

1796, vieux style, oui.

CHOPPARD, *remontant au fond avec Fouinard.*

Sommes-nous rue du Bac, numéro 17, et ne lis-tu pas, sur cette lanterne, le noble nom de Hardouin, traiteur ?...

FOUINARD.

C'est vrai.

CHOPPARD.

Penses-tu qu'il soit dix heures du matin ? (*Midi sonne.*)

FOUINARD, *écoutant.*

J'entends sonner midi.

CHOPPARD, *redescendant.*

Il n'y a pas de belle affaire qui tienne, j'ai l'estomac dans les talons ; non, vois-tu, Fouinard, j'aime l'indépendance, moi, je suis las de servir sous Courriol, qui fait le beau, comme le citoyen Directeur Barras, et qui nous laisse morfondre à l'attendre... Qu'est-ce qu'il est de plus que nous, Courriol ?... des mains blanches, un homme qui a été au collége, un propre à rien... qui a toujours deux parts dans toutes les affaires.

FOUINARD.

Il se met bien, faut être juste.

CHOPPARD.

Et ça te suffit pour lui obéir ?.. Ma foi, au diable, j'ai trop faim, je m'en vais !

FOUINARD.

Chut!... si le garçon t'entendait!

CHOPPARD.

Ah! bien, oui... Et puis, ça m'est égal... dès à présent, je veux m'émanciper, je veux faire mes affaires moi-même, manger quand j'aurai faim, boire quand j'aurai soif. Et, pour commencer, voilà deux heures que je croque le marmot, je décampe... Adieu, Fouinard. (*Il va pour sortir.*)

FOUINARD, *même jeu.*

Ah! si tu t'en vas, je m'en vas.

CHOPPARD.

Filons... en route!... (*Ils s'arrêtent à la voix du garçon.*)

SCÈNE III.

LES MÊMES, LE GARÇON, COURRIOL.

LE GARÇON, *venant de droite.*

Par ici, Citoyen, par ici, il y a de la place par ici.

FOUINARD, *à Choppard.*

Voilà Courriol!... restons.

COURRIOL, *entrant.*

Ah! bonjour... Eh bien, quoi! vous partiez?...

CHOPPARD.

C'est que voilà deux heures qu'il est dix heures... et...

COURRIOL.

Et vous trouviez le temps long?... Excusez-moi, j'ai rencontré en venant des figures qui m'ont déplu et j'ai pris le plus long...

CHOPPARD.

C'est une raison... Ici, je crois qu'on sera tranquille.

COURRIOL.

Oui, je ne connais personne dans ce quartier.

LE GARÇON.

Ces Messieurs vont déjeuner?...

FOUINARD.

Oui, Citoyen.

COURRIOL.

Faites le menu, Fouinard... (*A Choppard.*) Vous avez médité ma lettre?... (*Fouinard cause avec le garçon.*)

CHOPPARD.

Pendant cent trente minutes.

COURRIOL.

L'affaire vous va?...

CHOPPARD.

Quelle affaire, vous avez promis de nous la conter.

COURRIOL.

Il faudrait la connaître, et je suis comme vous, je ne la connais pas.

CHOPPARD.

Alors que faisons-nous ici?...

COURRIOL.

Nous attendons un nouveau chef... un inconnu... celui qui donnera l'idée et les moyens de l'exécuter.

CHOPPARD.

Qui est-ce ? un malin ?...

COURRIOL.

Je ne le connais pas.

CHOPPARD.

Mais de sa personne ?...

COURRIOL.

Je ne l'ai jamais vu.

CHOPPARD, *avec humeur.*

Vous êtes joliment renseigné !... son nom, au moins ?...

COURRIOL.

Ah ! je ne sais pas.

(*Ici Fouinard renvoie le garçon et revient vers Courriol et Choppard.*)

CHOPPARD.

Ah ! c'est trop fort... Comment le reconnaîtrez-vous alors ? Si vous me donniez un signalement, au moins, je connais tous les fameux de France.

COURRIOL.

Voici ce qu'on a décidé... Un homme viendra ici, chez Hardouin à deux heures ; il se placera à l'une des tables qui garnissent le salon... Il demandera une bouteille d'absinthe, c'est sa liqueur favorite, et il la boira tout entière, c'est son habitude... Voilà le signalement... reconnaîtra qui pourra.

CHOPPARD.

Je ne connais qu'un homme de cette force-là; mais cet homme ne viendra pas ici aujourd'hui.

FOUINARD.

Pourquoi cela ?...

CHOPPARD.

Parce qu'il habite ailleurs... et que le médecin de la maison lui a défendu de sortir.

FOUINARD.

Qui donc, hein ?...

CHOPPARD.

Eh ! parbleu, Dubosc !

COURRIOL.

Le fameux Dubosc !... Voilà deux ans qu'il habite le Château-Trompette à Bordeaux.

CHOPPARD, *saluant Courriol.*

C'est ce que j'avais l'honneur de vous dire. Ah ! si c'était Dubosc, j'aurais confiance... En voilà un qui a des idées... quand il est en plein air !... Malheureusement, il n'est jamais en plein air.

SCÈNE IV.

LES MÊMES, LE GARÇON.

LE GARÇON, *entrant de gauche.*

Ces messieurs vont être servis.

FOUINARD.

Ah!... nous déjeunerons volontiers. (*Ils s'asseyent à la première table de droite.*)

SCÈNE V.

LES MÊMES, GUERNEAU, LAMBERT.

GUERNEAU, *entrant de droite.*

Garçon!...

LE GARÇON.

Voilà, Citoyen!...

GUERNEAU.

Je crois que nous serons bien ici... n'est-ce pas, Lambert?

LAMBERT.

Mais oui, Guerneau, très-bien.

COURRIOL.

Guerneau! Lambert! (*Il se retourne.*) Ah! mon Dieu...

CHOPPARD, *à Courriol.*

Quoi donc?...

COURRIOL.

Quelle fatalité!

FOUINARD, *même jeu.*

Plaît-il?...

COURRIOL.

Ce sont bien eux...

CHOPPARD.

Qui, eux?...

COURRIOL.

Deux camarades de collége.

GUERNEAU, *à Lambert.*

Je crois que nous ferons un bon repas. (*Au garçon.*) Vin de Médoc... du Grave avec les huitres.

LE GARÇON.

Bien, Citoyens. (*Il sort à gauche.*)

COURRIOL.

S'ils me voient avec vous, quelle preuve pour plus tard!...

FOUINARD.

Comment faire?

CHOPPARD.

Esquivez-vous!... nous déjeunerons, nous qui n'avons pas été au collége avec eux.

COURRIOL, *se levant.*

Je crois que vous avez raison.

GUERNEAU, *montrant Courriol.*

Eh! mais, dis donc, Lambert, on dirait que c'est...

LAMBERT.

Mais oui, c'est Courriol...

COURRIOL, *remontant.*

Allons, bon!. . me voilà reconnu.

GUERNEAU.

Courriol!... est-ce toi, Courriol?...

LAMBERT.

Pardieu, si c'est lui... Bonjour, Courriol!

COURRIOL.

Tiens, Lambert!... tiens, Guerneau!... Bonjour... par quel hasard...?

GUERNEAU.

Nous attendons Lesurques, qui arrive ce matin de Douai... Tu connais bien, ce brave Lesurques?

COURRIOL.

Si je le connais!...

LAMBERT.

Il vient se fixer à Paris, pour marier sa fille... Et nous fêtons sa bienvenue, ici, dans notre quartier.

COURRIOL.

Tiens! tiens! tiens!...

CHOPPARD, *à Fouinard.*

Nous ne déjeunons pas, avec tout cela...

GUERNEAU.

Mais, toi-même, que fais-tu ici?... Tu es avec ces... messieurs?... Les mauvaises mines!...

COURRIOL.

Moi, pas du tout... pas du tout... J'allais déjeuner seul... et je... retenais la table de ces messieurs...

CHOPPARD.

Il nous renie, le muscadin...

FOUINARD.

Ah! dame!... la prudence!...

LAMBERT.

J'avais cru voir trois personnes attablées là, quand je suis entré...

COURRIOL.

Non... ces messieurs viennent d'achever leur déjeuner... un bon déjeuner...

CHOPPARD, *il frappe sur la table.*

Que dit-il?...

COURRIOL.

Eh! ils appellent le garçon, pour lui demander la carte et s'en aller...

CHOPPARD, *se levant.*

Ah!... bien... elle est bonne, celle-là!...

FOUINARD, *de même.*

En voilà une sévère!...

COURRIOL.

Je crois même qu'ils vont descendre payer au comptoir, car

ils paraissent fort pressés de partir. (*Signes réitérés de Courriol aux deux hommes.*)

FOUINARD, *à Choppard.*

Allons, il faut s'exécuter.

CHOPPARD, *à Fouinard.*

Nom d'un tonnerre !... c'est humiliant.

FOUINARD.

Je ne vois rien d'humiliant à sauver sa peau... (*Haut.*) Allons payer au comptoir, mon ami... Tiens, voilà un cure-dent. (*Choppard lui lance un coup de pied. — Fausse sortie.*)

COURRIOL, *à Lambert et Guerneau.*

Voyez-vous ?... ils s'en vont.

LAMBERT.

Eh bien, puisque tu allais déjeuner seul, mets-toi à table avec nous.

COURRIOL, *bas, à Fouinard et Choppard.*

Partez... je reste et je veille au grain... Allez-vous-en, vous autres, et à trois heures, ici...

(*Choppard et Fouinard sortent en murmurant par la porte de droite.*)

LAMBERT, *à Courriol.*

Eh bien ?

COURRIOL, *aux autres.*

Mes amis, combien de couverts ?...

GUERNEAU.

Nous n'en avions commandé que trois... nous en aurons quatre, puisque tu es là. Garçon ! garçon !...

SCÈNE VI.

LES MÊMES, LE GARÇON, *apportant des huîtres.*

Voilà ! voilà !... Eh bien, où sont donc ces messieurs ?

COURRIOL, *au garçon.*

Ces messieurs sont partis... Je déjeune avec mes amis que voilà... Servez ici ce que j'aurais consommé là-bas... et taisez-vous ! (*Il lui donne une pièce de monnaie.*)

LAMBERT.

Midi un quart !... Ah ! Lesurques est en retard.

GUERNEAU.

Un homme qui vient de Douai, pardonnons-lui...

SCÈNE VII.

LES MÊMES, LESURQUES, *puis* JULIE, DIDIER.

LESURQUES, *entrant de droite.*

Et un homme qui vient avec une fille et un gendre.

GUERNEAU.

Eh ! le voilà !

LESURQUES.

Entrez, mes enfants, entrez ! Bonjour, chers amis, bonjour, Guerneau, bonjour, Lambert... (*Il les embrasse.*) Vous permettrez que je vous présente ma petite Julie, et son prétendu, Didier... ils m'ont accompagné jusqu'ici, et ils vont nous quitter tout à l'heure.

GUERNEAU.

La jolie enfant !... comme elle est belle et grande.

LESURQUES.

Seize ans!... Cela nous pousse, j'en ai trente-huit... c'est une petite sœur pour moi... Tiens, Courriol!...

COURRIOL.

Bonjour, Lesurques! qu'il y a de temps que nous ne nous sommes vus!...

LESURQUES.

Ah! ça, mais nous sommes donc tout le collége Louis-le-Grand, ici!

GUERNEAU.

Mon Dieu! Lesurques, la jolie enfant que ta fille. Ah! monsieur Didier, vous avez bien fait de prendre l'avance ; on vous la disputerait, savez-vous!..

DIDIER.

Il faudrait prouver d'abord, Monsieur, qu'on aime mademoiselle Julie, plus que je ne l'aime; je ne la céderai pas sans cela.

JULIE, *à Didier.*

Merci... Et il faudrait prouver que j'en puis aimer un autre que Didier, sans quoi je ne céderai pas.

LAMBERT.

C'est bien dit.

GUERNEAU.

Cela fait plaisir à entendre.

(*Il offre une chaise à Julie qui s'assied.*)

LESURQUES.

N'est-ce pas que c'est bon le bonheur?

COURRIOL.

Vous êtes heureux, vous, Lesurques?...

LESURQUES.

Si je suis heureux?... Oh!... cela ne se demande pas... cela se voit... Si je suis heureux!... Mais toute ma vie est un enchaînement de prospérité... De bons parents, une bonne santé... un peu d'intelligence que Dieu m'a donnée... des services honorables dans l'armée, quand j'étais soldat au régiment d'Auvergne... l'amour du travail... une jolie fortune que j'ai amassée avec ce travail... Et puis, une fille comme celle que j'ai.... et puis un gendre comme celui que je vais avoir... avec tout cela, encore un peu de jeunesse, de bons amis... Oh! mais je suis tellement heureux, que Dieu n'a jamais fait un homme si heureux que moi!

COURRIOL.

Cela m'étonne toujours d'entendre dire ce que vous dites.

LESURQUES.

Ah! c'est que c'est rare... (*Julie se lève.*) Mais tu te lèves, Julie?

JULIE.

Il est une heure, père.

DIDIER, *à Lesurques.*

Et vous savez que nous avons bien des emplettes à faire.

LESURQUES.

Oui, mes enfants! oui, allez, allez!...

JULIE.

Quand te reverrons-nous?... A cinq heures, n'est-ce pas?...

LESURQUES.

Oui, oui... C'est-à-dire, non, ne m'attends pas.

JULIE.

Comment?...

DIDIER.

Quoi! vous ne reviendrez pas dîner avec nous?...

LESURQUES.

Je vais rester longtemps à table; je n'aurai pas faim avant demain...

JULIE.

Mais, mon père.... donnez-nous un rendez-vous quelque part.

DIDIER.

Faut-il vous reprendre ici?...

LESURQUES.

Non... non... j'irai à la maison... Vous m'y attendrez. Adieu... adieu...

JULIE, *à Didier.*

Qu'y a-t-il donc?...

LESURQUES.

Allez, mes enfants, allez!...

JULIE *et* DIDIER, *les saluent.*

Messieurs...

COURRIOL, GUERNEAU, LAMBERT.

Mademoiselle... Monsieur Didier...

LESURQUES.

Eh bien! Julie, tu ne m'embrasses pas?...

(*Julie embrasse son père et sort avec Didier par la droite.*)

SCÈNE VIII.

LES MÊMES, *moins* JULIE *et* DIDIER.

GUERNEAU, *à Lesurques.*

Tu les affliges, ces enfants!

LAMBERT, *même jeu.*

Elle est tout inquiète!

COURRIOL, *même jeu.*

Pourquoi ne pas lui dire ce que vous faites?...

(*Les garçons ont avancé la table du milieu et servent.*)

LESURQUES, *à Courriol.*

Mais tu me dis toujours vous... Tutoie-moi donc... Pourquoi je ne leur dis pas ce que je ferai, je vais vous le dire. Mais d'abord mettons-nous à table. (*Ils se mettent à table.— Musique, lorsqu'ils se mettent à table.*) Le voici; c'est un petit secret.... Ah! dame! il va falloir revenir sur ce que je vous ai dit... Si parfaitement heureux qu'on soit, on a toujours quelques chagrins par ci, par là... J'en ai deux... le souvenir de ma pauvre femme que j'ai perdue... et mon père!

GUERNEAU.

Ton père!

LAMBERT.

Qu'a-t-il donc?...

LESURQUES.

Il a, qu'il n'a pas eu le bonheur que j'ai... la révolution l'a ruiné; il est fier! Il n'a pas voulu être à ma charge et il a quitté Douai, malgré toutes nos prières, voilà deux ans.

COURRIOL.

Qu'est-il devenu?

LESURQUES.

Figurez-vous qu'avec ses dernières ressources, il a été lever un petit établissement... un hôtel... une auberge... un cabaret... je ne sais quoi, aux environs de Paris... C'était bien humble, mais il n'y a pas de métier humiliant pour les gens d'honneur. Eh bien, là, l'infortune l'a encore poursuivi; il a essuyé des faillites, des pertes... Il est réduit à vendre son établissement pour satisfaire ses créanciers, et, comme il ne peut pas trouver des acquéreurs, on va l'exproprier!... le pauvre père!

GUERNEAU.

Et il ne s'adresse pas à toi?

LESURQUES.

Ah! bien, oui!... tu ne le connais pas!... il aimerait mieux mourir de faim... un vieux soldat, un homme qui a possédé quelque fortune... l'honneur, la probité en personne.

COURRIOL, *à Lambert.*

Il exagère.

LAMBERT, *à Courriol.*

Ah! je comprends cela, moi.

GUERNEAU, *à Lesurques.*

Et que feras-tu?...

LESURQUES.

Je veux qu'il revienne avec nous, et malgré sa délicatesse exagérée... je saurai bien l'y contraindre... C'est une surprise que je ménage à ma bonne petite fille... Julie et Didier l'aimeront comme ils m'aiment. Didier est un négociant qui a de l'avenir... Si le père Lesurques veut faire de la rébellion, on l'occupera, soit à tenir des livres, soit à surveiller des commis. On sauvera son amour-propre, et il faudra bien, bon gré mal gré, qu'il mange du gâteau avec nous, au lieu de grignoter son pain dur...

LAMBERT.

Brave Lesurques, va... Dieu te récompensera.

COURRIOL.

Eh ! mais il me semble qu'il l'a déjà récompensé... riche... florissant... joyeux... regardez-le donc... cela donnerait envie d'être honnête homme.

GUERNEAU.

Comment ?...

COURRIOL.

Si on ne l'était pas...

LESURQUES, *à Guerneau.*

Je croyais que tu avais un cheval, Guerneau ?

GUERNEAU.

Ah bien, oui... on me l'a pris pour la réquisition.

LESURQUES.

Je te l'aurais emprunté.

LAMBERT.

Qu'est-ce que tu veux faire d'un cheval?

LESURQUES.

Rien, une promenade...

COURRIOL, *à Lesurques.*

Louez-en un...

LESURQUES.

Ah! je ne sais pas où sont les loueurs.

COURRIOL, *à part.*

Tiens, je vais faire gagner cent sous à quelqu'un qui n'en sera pas fâché... (*Haut.*) Il y a Choppard.

LESURQUES, *à Courriol.*

Où est-ce cela, Choppard ?

COURRIOL.

Rue Saint-Honoré, numéro 213.

LESURQUES.

De bons chevaux ?

COURRIOL.

Mais, oui ! et pas cher.

LESURQUES.

Rue Saint-Honoré, 213... bon... merci... Eh ! voilà un bon déjeuner !...

GUERNEAU, *à Lesurques.*

Cela veut dire que tu as envie de nous quitter, hein ?...

LESURQUES.

Je vous avouerai que je suis pressé...

LAMBERT, *à Lesurques.*

Bien ! bien... nous nous reverrons.

LESURQUES.

Nous nous reverrons, demain d'abord... c'est demain que je signe le contrat de Julie avec Didier... j'ai un bel appartement tout meublé à neuf... nous étrennerons l'appartement... on dinera et puis on tâchera de rire un peu... J'aurai notre ami Daubenton, qui est juge de paix de la division du Pont-Neuf... Tu viens, Guerneau, toi aussi, Lambert... Quant à toi, Courriol, puisque je retrouve un ami de collége .. il ne peut pas nous refuser de signer au contrat de Julie.

COURRIOL.

Merci... de grand cœur... Ton adresse?...

LESURQUES.

Rue Montmartre, numéro 118.

COURRIOL.

A quelle heure?...

LESURQUES, *se levant.*

A quatre heures. . Eh bien! puisque vous me donnez congé, mes bons amis, j'en profite... A demain!

GUERNEAU.

Ah! nous ne resterons pas ici puisque tu t'en vas, nous partirons ensemble.

LAMBERT.

C'est cela, payons et partons.

LESURQUES, *tirant sa montre.*

Trois heures moins un quart. Diable, le temps passe vite avec vous. Pardon, mes amis, je prends les devants, je suis pressé. (*Il sort à droite.*)

COURRIOL, *se levant de table.*

Dans un quart d'heure l'autre sera ici!... Si je reste, cela fera mauvais effet... Bon! j'ai le temps de les accompagner et de revenir. (*Pendant ce temps, la carte a été payée.*)

GUERNEAU.

Eh bien! viens-tu, Courriol, nous allons reconduire Lesurques jusqu'aux Tuileries. Garçon, mon chapeau et ma canne. (*Le garçon les lui donne.*)

COURRIOL, *prenant son chapeau.*

Me voici!

LESURQUES, *dans la coulisse.*

Allons donc, Courriol... je suis pressé.

SCÈNE IX.

DUBOSC, *entrant lentement par la gauche, puis* JEANNE.

DUBOSC.

Personne... Bon.... (*Il va regarder à la porte par où Lesurques est parti.*)

LE GARÇON, *entrant.*

Que faut-il servir?...

DUBOSC.

Tout à l'heure... (*Le garçon dessert la table et sort.*) C'est bien ici le salon convenu... et personne au rendez-vous... Si fait... on monte .. (*Il s'assied.*)

JEANNE, *entrant de gauche. Elle regarde autour d'elle et, apercevant Dubosc qui affecte de lui tourner le dos, elle dit à voix basse :*

C'est lui, Dubosc.

DUBOSC, *tressaillant.*

Mon nom?...

JEANNE.

Dubosc! Dubosc! n'aie pas peur...

DUBOSC, *à part.*

Cette voix!... Jeanne!...

JEANNE, *venant se placer en face de lui.*

Dubosc, c'est moi... Jeanne...

DUBOSC.

Pardon, est-ce à moi que vous parlez, Citoyenne?...

JEANNE.

Tu ne me reconnais pas?... Attends que j'aide ta mémoire... La pauvre fille qui te croyait un honnête homme et qui t'a aimé, la reconnais-tu?...

DUBOSC.

Je ne sais ce que vous voulez dire...

JEANNE.

Celle dont tu as pris l'honneur, celle dont tu as volé l'argent, celle que tu as abandonnée quand elle était mère... la reconnais-tu?...

DUBOSC.

Non.

JEANNE.

Celle qui n'a plus de parents (la douleur et la honte les ont tués...); celle qui n'aura bientôt plus d'enfant (il se meurt de ma misère...); celle qui n'a plus d'asile, plus de pain... celle que le vice guette et va dévorer, si la faim ne s'en charge pas... la reconnais-tu, Dubosc?...

DUBOSC, *à part.*

Cette femme... toujours cette femme...

JEANNE.

Tu ne dis rien?... tu ne veux rien faire pour réparer ton crime... Ecoute : c'est l'aumône que je te demande, non pour vivre, car j'appelle à grands cris la mort, mais pour ne pas mourir désespérée, maudite, damnée... Tu t'es échappé des prisons de Bordeaux, Dubosc, je t'ai suivi... Ah! tu courais plus vite que moi... Tu avais de l'argent, toi... Je suis venue à pied, comptant chacun de mes pas .. Je te retrouve; je te supplie de me donner assez d'argent pour passer en Alsace; là des âmes charitables me nourriront si je travaille... et nourriront mon pauvre enfant par-dessus le marché... Et j'aurai le temps de me réconcilier avec Dieu... Veux-tu?...

DUBOSC.

Je n'ai pas l'honneur de vous connaître, ma bonne!

JEANNE.

Si tu m'accordes cela, je te pardonne tout le mal que tu m'as fait... Si tu exauces ma prière, jamais tu n'entendras parler de moi... jamais .. je te le jure par la mémoire de mes pauvres parents!... je te le jure par la vie de mon fils.....

DUBOSC.

Eh! je n'ai pas d'argent.

JEANNE.

C'est ton dernier mot ?...

DUBOSC, *se levant et passant à gauche.*

Allons, voilà le garçon qui monte, si vous ne sortez pas, c'est moi qui sortirai.

JEANNE.

Dubosc ! je te laisse jusqu'à demain pour réfléchir...Si demain, au domicile que tu occupes, et qui m'est connu, tu n'as pas déposé la somme que je te demande pour nourrir mon enfant et m'aider à ensevelir ma honte...

DUBOSC.

Eh bien ?...

JEANNE.

Eh bien ! demain je serai désespérée, et tu sauras ce que c'est qu'une mère au désespoir... Dubosc...

DUBOSC.

Demain... soit... à demain... Qui a terme ne doit rien... Je serai bien loin ce soir...

JEANNE.

Adieu, Dubosc. J'ai faim, mais j'attendrai bien jusqu'à demain... (*Elle sort à droite.*)

DUBOSC, *la reconduisant.*

Adieu, Citoyenne... Voilà ce que c'est que de n'être plus en prison, on n'est plus libre.... Ah ! ah !... des pas... (*Il s'assied. — Trois heures sonnent.*)

SCÈNE X.

DUBOSC, CHOPPARD, FOUINARD.

CHOPPARD, *entrant de gauche.*

Voilà trois heures qui clochent... Ah ! il y a quelqu'un làbas...

FOUINARD.

Mais oui !...

DUBOSC, *les regardant.*

Voilà deux vilains museaux... Il me semble que je dois connaître cela...

CHOPPARD, *poussant Fouinard.*

Avançons-nous ?...

FOUINARD.

Un moment.

DUBOSC.

Ils se tâtent... Décidons-les... Garçon ?

SCÈNE XI.

LES MÊMES, LE GARÇON, *entrant de droite.*

DUBOSC.

De l'absinthe !...

CHOPPARD.

Eh !...

FOUINARD.

Oh!...

LE GARÇON.

Un petit verre?

DUBOSC.

Une bouteille et un grand verre. (*Le garçon sort, et revient tout de suite.*)

CHOPPARD, *à Fouinard.*

Oh! voyons. (*Dubosc se versant un grand verre d'absinthe, le boit.*)

FOUINARD.

Oh! là, là!

CHOPPARD.

Ce ne peut être que lui.

DUBOSC, *le regardant.*

Ils se font bien prier... Allons. (*Il se verse un second verre.*)

CHOPPARD.

Ah! par exemple, cette fois, ça y est. (*Ils s'approchent.*)

DUBOSC, *à part.*

Allons donc!

CHOPPARD, *près de Dubosc.*

Citoyen, à la façon dont vous avez rincé ces deux jolis verres d'absinthe, je crois deviner...

DUBOSC.

Que je finirai bien la bouteille, n'est-ce pas? (*Il boit à même.*)

FOUINARD.

C'est lui!

CHOPPARD.

C'est Dubosc.

DUBOSC.

Vous me connaissez? Comment se fait-il que...

CHOPPARD.

Que je te connaisse, quand tu ne me connais pas? Ecoute donc, toute une armée connaît son général; le général ne connaît pas tous ses soldats.

DUBOSC.

Tu jaspines bien, merci... c'est flatteur, mais c'est long, et nous n'avons pas de temps à perdre.

CHOPPARD.

Voyons, est-ce qu'on va boire?

DUBOSC.

Oui. Une tournée, garçon : un carafon d'eau-de-vie. (*Le garçon va prendre un carafon au fond, le leur apporte avec des petits verres, et sort.*) Qui de vous est le loueur de chevaux?

CHOPPARD.

C'est moi, Pierre Choppard, maquignon, dit l'Aimable!... (*Ils se saluent réciproquement.*)

DUBOSC.

Et cet imbécile de Fouinard, dit le Philosophe?

FOUINARD, *flatté, le salue.*

Il me connaît... C'est moi.

DUBOSC.

Il manque un troisième : il manque...

CHOPPARD.

Il manque Courriol, qui n'est jamais à l'heure...

DUBOSC.

Je ne l'attendrai pas : j'ai affaire... Voici... (*Dubosc fait signe à Fouinard de venir près de lui. Il verse à boire; ils trinquent et boivent. Dubosc à Choppard :*) Tu as quatre chevaux?...

CHOPPARD.

Oui.

DUBOSC. *Ils se sont rapprochés comme trois têtes dans un bonnet.* Ils seront prêts ?...

CHOPPARD.

Dans une heure.

DUBOSC.

A la barrière de Charenton?...

CHOPPARD.

Bien.

FOUINARD, *timidement.*

Et il s'agit ?...

DUBOSC.

De 75 mille livres en or : trente pour moi, 45 vous trois.

CHOPPARD.

Oh! oh!... Et on les trouvera?...

DUBOSC.

Je vous dirai cela quand nous serons à cheval.

CHOPPARD.

A cheval! à cheval!

DUBOSC.

C'est dit?

CHOPPARD *et* FOUINARD.

C'est dit !

DUBOSC.

Vous vous chargez de prévenir Courriol? (*Il va pour sortir.*) Moi je m'esbigne.

SCÈNE XII.

LES MÊMES, COURRIOL, *entrant précipitamment par la droite.*

COURRIOL.

Me voilà! me voilà!...

CHOPPARD.

Ah ! monsieur Courriol, toujours en retard!

COURRIOL.

Ce n'est pas ma faute : je ne fais que de quitter Lesurques. (*Apercevant Dubosc.*) Ah ! mon Dieu!...

DUBOSC, *à Choppard.*

Expliquez-lui tout. Moi je passe au comptoir. Adieu, mes poulets, adieu ! (*Il sort à gauche.*)

FOUINARD, *à Courriol.*

Qu'y a-t-il?

COURRIOL.

Quel est cet homme?

FOUINARD, *à Courriol.*

C'est le fameux Dubosc... l'homme à l'absinthe.

COURRIOL.

Dubosc!... C'est Dubosc... Si je n'avais pas mis l'autre à cheval, moi-même tout à l'heure, je jurerais... Une ressemblance comme celle-là doit servir à quelque chose...

CHOPPARD.

Allons, allons, nous n'avons qu'une heure, allons, hue-là, filons! (*Choppard pousse Fouinard; ils sortent à gauche.*)

FOUINARD.

Filons!

DEUXIÈME TABLEAU.

Le devant d'un cabaret avec enseigne. — Table auprès de la porte. — La grand'route au fond. — La scène se passe à Lieursaint, au bas de la côte. — Il est cinq heures du soir. — Dans la chambre : buffet, chandeliers, bougeoirs, bouteilles et verres, tables, escabeaux, chambre au fond; la maison à droite, trois marches pour descendre et soupirail de cave en vue du public.

SCÈNE PREMIÈRE.

JÉROME, *puis* JOLIQUET.

JÉROME, *sortant de la maison et venant s'asseoir près de la table qui est dehors.*

Voyez s'il viendra seulement un passant pour étrenner mon dernier jour de propriété... personne!... la maison est maudite... allons il faut se décider... il faut que jaille à Lieursaint, donner mon consentement, pour que cette auberge soit vendue; pour que mes créanciers n'aient plus rien à réclamer de moi... et demain... eh bien, demain... je serai sans asile, sans ressources... mais, au moins, l'honneur me restera!

JOLIQUET, *venant du fond.*

Patron! ah! patron!

JÉROME.

Que veux-tu, Joliquet?

JOLIQUET.

Qu'est-ce que vous me donnerez pour ce que je vous donnerai?

JÉROME.

Est-ce bon, est-ce mauvais?

JOLIQUET.

Ça vient de Douai, ça doit être bon, tenez! (*Il lui donne une lettre.*)

JÉROME.

De Douai! de mon fils Lesurques!... Ah!... merci, mon Dieu!... j'allais me désespérer, vous m'envoyez une consolation. (*Il lit.*) « Cher bon père, j'arriverai demain à Paris, avec ma fille Julie.

» Nous logerons rue Montmartre, numéro 118. Je marie Julie
» à un brave garçon qui la rendra heureuse... Venez nous
» voir aussitôt que vous recevrez cette lettre.

» Nous signerons le contrat demain après dîner.

» Votre bon fils qui vous aime,

» LESURQUES. »

Demain... (*Avec amertume.*) Oui, je pourrai demain aller chez toi, Lesurques, je serai libre demain, je n'aurai plus d'affaires!... Allons, finissons-en, mon fils revient, je ne veux pas qu'il me croie dans la misère ; je ne veux pas qu'il voie tout ce malheur qui m'entoure... pauvre garçon! lui qui a tant travaillé... lui, qui a si bien réussi, pourquoi l'affligerais-je de mon infortune, les gens heureux ne gênent jamais... Demain, je prendrai l'habit des dimanches, l'air content, et je n'apporterai rien de sombre au repas des fiançailles de ma petite-fille... et puis après... nous verrons. Joliquet?

JOLIQUET, *qui est remonté au fond.*

Patron !

JÉROME.

Je vais sortir, garde bien la maison.

JOLIQUET.

Ah ! ça ne sera pas difficile... il n'y a rien dans la maison.

JÉROME.

C'est vrai... cependant il y a du vin, de l'eau-de-vie, il faut qu'il y ait quelqu'un ici quand le courrier de Lyon passera. C'est notre seule pratique, le courrier, je tiens à ce qu'il soit bien servi.

JOLIQUET.

N'ayez pas peur, patron... un petit verre de dur au postillon... une demi-bouteille de vieux au courrier... voilà, c'est réglé... entre huit heures et huit heures et quart ; ça ne varie jamais. Mais vous m'avez dit que vous partiez... où allez-vous, sans vous commander, patron?

JÉROME.

Je vais à Lieursaint, Joliquet.

JOLIQUET.

Quoi faire, sans vous commander?

JÉROME.

Vendre la maison, te chercher un meilleur maître.

JOLIQUET.

Vendre la maison!... et moi avec!...

JÉROME.

Toi avec, oui.

JOLIQUET.

Ah!... et vous sortirez seul comme ça le soir?

JÉROME.

Pourquoi pas?...

JOLIQUET.

On dit que les routes sont sûres, mais c'est égal, je ne m'y fierais pas; armez-vous, patron, armez-vous.

JÉROME.

Laisse-moi donc tranquille... C'est convenu, tu ne bougeras pas d'ici?

JOLIQUET.

Moi! jamais!...

JÉROME.

Qui vient là? j'entends le pas d'un cheval.

JOLIQUET.

Rien, un postillon qui passe à vide... et qui ne s'arrête pas, allez!

JÉROME, *avec un soupir.*

Allons... mon chapeau... ma canne... oui, c'est un sacrifice à faire... il faut que cette maison soit vendue... Allons!..

(Il sort à gauche, troisième plan.)

JOLIQUET, *lui donne son chapeau, sa canne.*

Bon voyage, patron! bonne chance!

SCÈNE II.

JOLIQUET, *seul.*

C'est drôle, j'aime quand il me laisse tout seul, parce que j'ai peur... et quand j'ai peur, je me sauve d'ici et je vais en haut de la côte au cabaret du voisin. C'est là qu'on rit, c'est là qu'on bavarde; ce n'est pas un désert comme ici. Est-il bien parti?... oui. Une, deux, trois, je prends mon élan... je serai bien revenu à huit heures pour le passage du courrier; j'aurais bien du malheur s'il venait quelqu'un d'ici à une heure, quand pendant des jours entiers il ne vient personne. (*Apercevant Lesurques qui paraît au fond.*) Tiens! qu'est-ce qu'est cela? un voyageur... que regarde-t-il?... pourquoi s'arrête-t-il?... comme il tourne... Ah! mon Dieu, voilà la peur qui me prend... si je me retranchais... voyons un peu...

(Il rentre dans la maison. Il se cache derrière la porte. La nuit vient graduellement au théâtre et à la rampe. Nuit complète au moment de l'attaque de la malle-poste.)

SCÈNE III.

JOLIQUET, *caché*, LESURQUES, *enveloppé d'un manteau.*

LESURQUES.

Il m'a bien semblé le voir s'éloigner... Oh! oui, je l'ai bien reconnu, ce bon père. Il marchait triste, courbé... Dieu merci! voilà ses peines finies... Quoi! c'est là qu'il logeait! quelle solitude! comme il a dû souffrir!... et quelle misère!... Personne pour recevoir les voyageurs... j'ai bien fait de laisser mon cheval dans le petit bois là-bas... j'ai pu venir ici sans bruit... Qui sait? il n'y a peut-être personne à la maison, je vais m'en assurer... entrons!

(Un de ses éperons traîne à terre, il va frapper à la porte.)

JOLIQUET.

Qui vive?

LESURQUES, *s'éloignant.*

Ah! ah! il y a quelqu'un.

JOLIQUET.

Il recule... au voleur!... au voleur!...

LESURQUES.

Eh! mon ami, qui donc est le voleur de vous ou de moi... ouvrez!...

JOLIQUET.

Que voulez-vous?

LESURQUES.

Je veux, je veux... je veux boire.

JOLIQUET.

On ne boit pas ici! passez votre chemin.

LESURQUES.

Mais alors à quoi bon l'enseigne que voici? ouvrez donc!

JOLIQUET.

Les honnêtes gens ne viennent pas dans les maisons à ces heures-ci.

LESURQUES.

Mon garçon, tu as raison de te défier. Il y a, en effet, beaucoup de mauvaises gens... mais il y en a d'honnêtes aussi. Donne-moi une de tes bonnes bouteilles, et voilà un écu, si ton vin est bien frais.

JOLIQUET.

Un écu... (*Il regarde en entrebaillant la porte.*) Oui, ma foi... Eh! mais, il a l'air d'un brave homme... (*Sortant.*) Vous avez donc soif, vous?

LESURQUES.

Mais, oui.

JOLIQUET.

Comment diable n'avez-vous pas plutôt descendu au cabaret du haut de la côte..! on est bien mieux qu'ici... Enfin... voulez-vous du blanc ou du rouge?.. Tiens, vous perdez votre éperon, c'est la chaînette qui est cassée.

LESURQUES.

C'est vrai, donne-moi un peu de fil, j'en rattacherai les anneaux; quant au vin, ce que tu voudras; où est la cave?... (*Ils entrent dans la maison.*)

JOLIQUET, *montrant la trappe.*

Là, en bas! (*Il donne du fil à Lesurques.*)

LESURQUES.

Bien... vas-y... on peut boire là! (*Il montre la chambre voisine.*)

JOLIQUET.

Là?... non pas, non pas, c'est la chambre du patron : quand il n'y est pas, on n'y entre pas; on boit dans la salle ou dehors.

LESURQUES, *rattachant son éperon.*

C'est là qu'est sa chambre... bon!... Mon vin, garçon, et bien frais!...

JOLIQUET, *qui a allumé sa chandelle.*

On y va ! (*Il ouvre la trappe et disparaît.*)

LESURQUES, *tirant un sac d'argent de dessous son habit.*

Avec cet argent, pauvre père ! tu paieras tes dettes et tu n'auras d'obligations à personne... pas même à moi... J'ai attaché sur le sac une étiquette, qui le mettra bien à l'aise pour l'accepter... *restitution!* Ce bon père a été tant de fois volé, qu'il croira aux remords d'un de ses voleurs... Allons, sur la commode le sac !... (*Il entre dans la chambre et sort de suite — On entend chanter Joliquet.*) Maintenant, je n'ai plus rien à faire ici... Partons !... ma petite Julie m'attend, et je ne veux pas qu'elle soit inquiète... (*Six heures sonnent.*) Oh ! je serai à Paris avant sept heures. (*Il s'échappe par le même chemin qu'il est venu. — Joliquet revient.*)

JOLIQUET, *chantant.*

Et, s'il n'est pas frais celui-là... Attendez que je vous allume une chandelle... Là... ! (*Il allume.*) Ne cassez pas le verre, ça porte malheur et ça coûte deux sous... Voulez-vous que je vous verse ? où êtes-vous donc ? (*Il cherche et sort dehors.*)

SCÈNE IV.

JOLIQUET, DUBOSC, *entrant à la coulisse.*

DUBOSC, *a un manteau comme Lesurques ; il entre au troisième plan à gauche.*

Attendez, vous autres, que je frappe là-bas à c'te cassine !

JOLIQUET, *l'apercevant.*

Ah ! vous voilà !... buvez-moi cela... et dites-moi votre opinion... moi, j'aime mieux le blanc... après cela, chacun son goût. (*Il lui présente le verre.*)

DUBOSC.

Qu'est-ce qu'il a, cet animal, à parler tout seul ?

JOLIQUET, *qui a déposé la bouteille sur la table.*

Animal ?...

DUBOSC.

Tu es seul ici ?...

JOLIQUET.

Parbleu... oui, je m'ennuie assez, allez !...

DUBOSC.

Donne-nous à boire.

JOLIQUET, *montrant la bouteille.*

Mais, vous avez votre bouteille.

DUBOSC.

Est-ce qu'une bouteille suffit à quatre ?

JOLIQUET.

A quatre ?... vous êtes quatre ?... (*Il aperçoit les trois compagnons de Dubosc.*) Oh ! ces têtes !...

DUBOSC.

Allons, à la cave, mordieu !... où est la cave ?

JOLIQUET, *tremblant.*

Vous le savez bien, vous me l'avez déjà demandé.

DUBOSC.

Ah ça, mais il est toqué !

JOLIQUET.

Moi qui lui trouvais une mine d'honnête homme!

DUBOSC, *menaçant.*

Eh bien? nous serviras-tu?...

JOLIQUET, *tremblant.*

On y va! on y va! (*Il entre dans la maison, et descend chercher du vin.*)

SCÈNE V.

DUBOSC, FOUINARD, CHOPPARD, COURRIOL.

DUBOSC.

Avancez à l'ordre! J'espère que je vous ai fait faire une jolie promenade, sans compter le dîner, le billard, etc.

CHOPPARD.

Oui, nous nous sommes bien amusés... mes chevaux sont poussifs.

COURRIOL.

C'est ici?...

DUBOSC.

Pas tout à fait, mais on brûle.

CHOPPARD.

Est-ce qu'on va boire?

DUBOSC.

Du tout! du sang-froid et de l'œil.

FOUINARD.

Pourquoi nous arrêter ici?

DUBOSC.

Vous avez vu ce môme qui est à la cave?

COURRIOL.

Oui.

CHOPPARD.

Le mômignard... eh bien?...

DUBOSC.

Il faut commencer par le refroidir!...

COURRIOL.

Oh! un meurtre inutile!...

DUBOSC.

Inutile! vous croyez?

FOUINARD.

Pauvre petit!...

CHOPPARD, *à Fouinard.*

T'as donc le vin sensible, toi?

COURRIOL.

Si c'est pour cela que nous sommes venus, il n'y a pas le Pérou dans cette maison.

FOUINARD.

Qu'est-ce que vous gagnerez en le tuant?

CHOPPARD, *à Fouinard.*

Feignan, va !...

DUBOSC.

J'y gagnerai qu'il ne verra pas ce que nous allons faire.

COURRIOL.

Eh bien ! je me charge d'empêcher qu'il voie rien.

CHOPPARD, *allant à Courriol.*

Bouches-y l'œil avec deux coups de poing, et, pendant qu'il éternuera, tu y diras : Dieu vous bénisse; faut être poli !

COURRIOL, *allant appeler Joliquet.*

Eh ! mon petit? mon petit?... (*A Joliquet, qui est remonté de la cave.*) Bon ! une autre... Monsieur !... Combien as-tu apporté de bouteilles, mon garçon ?...

JOLIQUET, *descend mettre les bouteilles sur la table.*

Deux, Monsieur... (*A part.*) J'aime assez sa tête à celui-là.

COURRIOL.

Il nous en faut deux encore, va les chercher.

JOLIQUET.

Celui-là est dans le cas de me donner un écu.

COURRIOL, *lui donnant.*

Tiens !...

JOLIQUET, *regardant l'écu.*

Ah ! mais il pleut de la monnaie...J'y vais, Monsieur, j'y vais !... (*Il remonte, et descend à la cave.*)

COURRIOL, *à Choppard et Fouinard qui entrent dans la maison.*

Maintenant, aidez-moi à mettre le buffet sur la trappe... puis cette table... là... s'il rentre par là nous aurons du malheur.

DUBOSC.

Et on appelle cela des économies !... (*Il hausse les épaules.*)

CHOPPARD.

Je crois que nous sommes bien seuls. Maintenant, on peut boire...

DUBOSC.

A l'air !...

(*Il verse à boire. Ils sortent de la maison, et Dubosc, après avoir bu, va au fond écouter.*)

Rien encore... Voilà ce que c'est... (*Il écoute.*)

COURRIOL.

Qu'écoutez-vous ?...

DUBOSC.

Tout à l'heure... quelle heure est-il ?...

COURRIOL.

Sept heures trois quarts.

JOLIQUET, *enfermé.*

Oh ! que c'est bête, ils m'ont enfermé !... Eh ! ouvrez-moi donc !

CHOPPARD, *à Dubosc.*

Dis donc, Dubosc, il demande le cordon!

DUBOSC, *entre dans la maison et parle a Joliquet en s'approchant de la trappe.*

Si tu cries, si tu bouges, si tu ne comprends pas la plaisanterie, gare ! on va t'ouvrir ! (*Il sort de la maison.*)

CHOPPARD, *à Dubosc.*

Conte-nous ton idée.

DUBOSC, *leur faisant signe d'avancer et d'écouter.*

A huit heures, vous entendrez, au bas de cette côte, un claquement de fouet et des grelots de chevaux !...

TOUS.

Bien.

DUBOSC.

C'est le courrier de Lyon, qui arrive et qui passe, là, dans ce fond ; avant de monter la côte, il s'arrête ici, où il boit un coup avec son postillon...

TOUS.

Oui !...

DUBOSC.

Ce courrier a une voiture, et à cette voiture...

COURRIOL.

A cette voiture ?...

DUBOSC.

A cette voiture il y a un coffre !...

COURRIOL.

Et dans ce coffre ?...

DUBOSC.

Et dans ce coffre, il y a en ce moment soixante-quinze mille livres dont je vous ai parlé ce matin... Voilà la spéculation. .

COURRIOL.

Je commence à comprendre...

FOUINARD.

Un courrier de malle porte toujours des pistolets.

DUBOSC, *montrant ses pistolets.*

J'en ai aussi, moi.

FOUINARD.

Et le postillon a un couteau de chasse.

CHOPPARD.

Et j'ai un couteau de table.

COURRIOL.

Il y a un voyageur qui accompagne le courrier ordinairement... cela fait trois hommes.

DUBOSC.

Celui-là, je l'ai prévu ; ne vous en inquiétez pas; vous m'avez bien compris, hein ?

FOUINARD.

Parfaitement.

DUBOSC.

C'est quinze mille livres pour chacun de vous et trente mille pour moi... moins le dixième de la société.

COURRIOL.

Soit.

DUBOSC.

Maintenant, voici la distribution des rôles... Quand le courrier arrivera ici, M. Courriol suivra la voiture, moi je verserai l'eau-de-vie ou le vin... M. Fouinard fera le guet sur la route; à M. Choppard, le postillon; je garde le courrier pour moi.

CHOPPARD.

Mais j'ai plus d'ouvrage qu'eux et je n'ai qu'une part.

DUBOSC.

Il est temps encore de dire non.

CHOPPARD.

Ah! damé!

(*Choppard et Dubosc se chamaillent; Fouinard et Courriol s'interposent entre eux. On entend sonner huit heures.*)

DUBOSC.

Allons, voyons, ça approche! a-t-on le cœur solide?...

CHOPPARD.

Mais oui.

DUBOSC, *regardant Fouinard.*

Maître Fouinard est bien blême! Eh bien, et toi, Choppard?

CHOPPARD, *d'un ton résolu.*

Oh! moi... j'irai.

DUBOSC, *coudoyant Choppard et lui montrant Courriol.*

Mais M. Courriol...

CHOPPARD.

Oh! le fadard!

DUBOSC.

Avec ses mains blanches!...

COURRIOL, *froidement et retirant ses gants.*

M. Dubosc, quand j'ai besoin d'argent rien ne me coûte... pas même de me salir les mains.

DUBOSC.

Chut!... (*Grelot et fouet.*)

CHOPPARD.

Ça y est?

DUBOSC.

Oui... Allons, Fouinard, en avant... Courriol derrière les arbres... Choppard dans le fossé...

CHOPPARD, *à Dubosc, en lui tendant la main.*

Sans rancune.

DUBOSC.

Va, mon vieux, moi, ici!...

(*Tous obéissent, Dubosc reste seul.*)

DUBOSC.

Oh! j'ai dix minutes, avant que la côte ne soit montée... cette brute de garçon ne bouge plus!... Est-il bien seul ici? voyons donc... (*Il entre dans la chambre avec la chandelle et rapporte le sac.*) Tiens, qu'est-ce que c'est? un sac... *restitution*... comme c'est délicat... bon : il y a là deux mille; trente et deux, font trente-deux...

(*Il empoche, le bruit approche, Courriol vient avertir Dubosc.*)

On y va! (*La voiture paraît au fond, le postillon est à pied.*)

SCÈNE VI.

LES MÊMES, LE COURRIER, LE VOYAGEUR, LE POSTILLON.

LE POSTILLON.

Holà! hé! père Jérôme! la maison!

JOLIQUET, *du fond de la cave.*

Voilà! voilà!

DUBOSC.

Le malheureux... (*Couvrant la voix de Joliquet.*) Voilà! voilà! (*Il sort de la maison avec l'eau-de-vie.*)

LE POSTILLON.

Tiens! ce n'est pas Joliquet.

DUBOSC.

Non, c'est moi qui le remplace... mais voilà votre petite goutte.

(*Le courrier et le voyageur sortent de dedans la voiture et viennent se rafraîchir.*)

LE POSTILLON, *buvant.*

Elle est bonne tout de même. (*Il boit.*) Je m'en vas à mes chevaux... vous payez, M. Dumont?

LE COURRIER.

Va, Magloire, va... Tiens, ça n'est pas Joliquet.

DUBOSC, *offrant le vin.*

Ah!... j'ai tout de même votre vin.

LE COURRIER.

Mon même vin?

DUBOSC.

Goûtez.

LE VOYAGEUR.

Buvons, courrier, buvons... cela réchauffe toujours.

LE COURRIER.

Soit; à votre santé, Monsieur.

(*Ils boivent, cris dans le fond.*)

LE COURRIER.

Qu'est-ce que c'est que cela?...

LE POSTILLON, *tué au fond par Choppard.*

Ah! je suis mort! Au secours!... (*Il tombe.*)

LE COURRIER.

Mon postillon qu'on assassine! Attends, scélérat, attends!... (*Il s'élance le pistolet au poing vers Choppard.*)

DUBOSC, *le pistolet à la main.*

Halte-là ! (*Il tire dessus.*)

LE COURRIER.

Blessé !... Ah ! brigands !... vous êtes deux, mais j'ai un compagnon ! (*Au voyageur.*) Vous avez un couteau, Monsieur, aidez-moi ! défendez-moi !

LE VOYAGEUR.

Oui, j'ai un couteau. (*Il le frappe ; le courrier tombe.*)

DUBOSC.

Bien, Durochat... Allez, vous autres, enfoncez le coffre.

COURRIOL, *qui est dans la voiture.*

Je tiens l'or ! (*Fouinard est sur la malle-poste et jette tous les paquets et les papiers qui s'y trouvent.*)

DUBOSC.

Durochat, voici ta part... saute sur le porteur du postillon, et décampe !... (*Le voyageur s'enfuit.*) Choppard, voici la tienne; à toi, Courriol ; à toi, Fouinard. Sauvez-vous, maintenant ! A moi le portefeuille du courrier... (*Il le fouille.*)

JOLIQUET, *par le soupirail.*

Mon Dieu ! mon Dieu ! qu'est-ce qui se passe ! Ah ! le patron ! patron !...

JÉROME, *venant de gauche, 3e plan.*

Ah !... Des coups de feu !... un cadavre !... Encore un autre !...

JOLIQUET.

A l'assassin ! à l'assassin !...

JÉROME, *sautant sur Dubosc.*

Misérable ! tu ne m'échapperas pas !...

JOLIQUET.

Allez ! allez ! patron !

DUBOSC, *luttant avec lui.*

Tiens ! (*Il lui tire un coup de pistolet.*)

JÉROME, *à la lueur du feu.*

Mon fils !... (*Il chancelle et tombe. Dubosc s'enfuit.*)

FIN DU 1er ACTE.

ACTE II.

TROISIÈME TABLEAU.

Un salon chez Lesurques à Paris. — Deux portes au fond, pan coupé donnant sur une autre pièce. — Canapé de chaque côté, un guéridon à droite et de l'ouvrage dessus. — Plumes, encre, papier, deux chaises au fond, porte au milieu.

SCÈNE PREMIÈRE.

DIDIER, JULIE, LESURQUES.

DIDIER, *près de Julie, une liste à la main.*

J'ai beau compter, j'ai beau chercher, nous serons toujours treize à table.

JULIE, *assise sur le canapé de gauche.*

C'est vrai... comment, mon père, n'a-t-il pas pensé à cela... treize à table, le jour de la signature d'un contrat de mariage!.. (*Julie se lève.*)

DIDIER.

Un jour qui avait si bien commencé par une bonne action de vous, ma chère Julie!

JULIE.

Quoi! vous appelez cela une bonne action, Didier? secourir une femme dans la misère... c'est si naturel.

DIDIER.

Vous pouviez faire comme font tant de riches, détourner la tête et passer!...

JULIE.

Quoi! dans cette maison, qui va être témoin de notre bonheur, à vingt pieds au-dessus de notre tête, tandis que nous rions, que nous espérons, une créature humaine se mourait de désespoir et de faim!... Elle n'avait pas mangé depuis trois jours, elle allait expirer avec son enfant!...

(*Lesurques entre de droite, sans être vu et écouté.*)

Ah! Didier! c'eut été affreux!...

LESURQUES, *qui a écouté.*

Oui, mais Dieu est partout, Dieu a vu cette misère, il en eut pitié, et bien vite, il a envoyé à la pauvre mère un de ses anges, ma petite Julie... Vous l'aimerez bien, n'est-ce pas Didier?...

DIDIER.

Ah! si je l'aimerai!...

JULIE, *à Lesurques.*

Vous étiez là! vous écoutiez!... fi!... Je t'en veux, père, nous serons treize à table.

LESURQUES.

Tu as oublié un nom... nous serons quatorze, mon enfant.

DIDIER, *à Lesurques.*

Et qui donc fera le quatorzième?...

LESURQUES.

Vous le saurez, mon ami. (*A Julie.*) Mets toujours ce couvert, Julie, le convive viendra... et tu n'en seras pas fâchée... Adieu, mes enfants, je vais chez le notaire. (*Fausse sortie.*)

JULIE, *à son père.*

Vous nous quittez encore?... (*Lesurques redescend.*)

DIDIER.

Vous reviendrez dîner aujourd'hui, j'espère...

JULIE.

Vous n'irez pas comme hier, on ne sait où, faire casser vos éperons!

LESURQUES, *riant.*

Ah! c'est vrai! c'est vrai!

DIDIER.

Et les faire raccommoder avec du fil.

LESURQUES, *riant.*

Vous me pillez, je me sauve !... A revoir, mes enfants, à revoir !...

(*Il sort par la porte du milieu, qui reste ouverte.*)

SCÈNE II.

JULIE, DIDIER.

JULIE, *regardant son père sortir.*

Bon père !...

DIDIER, *de même.*

Excellent cœur !... Avez-vous encore besoin de moi, Julie?... (*Il prend son chapeau.*)

JULIE.

Non... un futur mari a toujours quelque toilette à faire.

DIDIER.

Si je savais un moyen de me faire aimer plus... Qui vient là?... (*Jeanne paraît au fond.*)

JULIE.

Ah! c'est la pauvre femme du cinquième, celle que j'ai secourue.

DIDIER.

Et qui vient vous remercier... je vous laisse... (*A Jeanne.*) Entrez, Madame, entrez.

JULIE.

Oui, venez ! (*A Didier.*) A bientôt !... (*Il sort par le fond.*)

SCÈNE III.

JULIE, JEANNE.

JEANNE, *près de la porte.*

Vous m'avez sauvée, Mademoiselle, et vous avez sauvé mon enfant... merci !...

JULIE, *assise à droite.*

Ne tremblez pas ainsi... approchez-vous... Vous vous trouvez mieux, n'est-ce pas ?...

JEANNE, *s'approchant.*

Je suis bien.

JULIE.

Tout ce dont vous aurez besoin... j'ai commandé qu'on vous le donnât... Comment se fait-il que vous ayez tant souffert sans rien dire.. On se plaint... on demande...

JEANNE.

Je me suis plainte, Mademoiselle, j'ai demandé.

JULIE.

Mais à qui donc, mon Dieu ?...

JEANNE.

Oh ! ce n'est pas à des cœurs comme le vôtre, Mademoiselle !

JULIE.

Vous avez un enfant... mais... votre mari ?... vous êtes veuve peut-être ?...

JEANNE, *avec hésitation.*

Je suis veuve... oui, Mademoiselle...

JULIE, *prend sa tapisserie.*

Il vous reste bien quelques parents, quelques amis?...

JEANNE.

Personne... Ce matin, j'attendais un peu d'argent qu'on m'avait promis, qu'on me devait... cet argent m'eût servi à gagner l'Alsace avec mon fils...

JULIE.

Eh bien?...

JEANNE.

Eh bien!... la personne qui devait me donner cet argent, ce matin, je ne l'ai pas retrouvée... j'ai compris qu'il fallait mourir.

JULIE, *se lève et dépose sa tapisserie.*

Vous me cachez une partie de vos malheurs, vous n'avez pas confiance en moi... vous avez tort... que puis-je faire encore, parlez!

JEANNE.

Rien, rien... vous avez trop fait déjà!... mais, pourquoi hésiterais-je; rencontrerai-je jamais une bienfaitrice plus compatissante... Mademoiselle, voulez-vous me sauver tout à fait?... (*Allant à Julie.*)

JULIE.

Que faut-il faire?

JEANNE.

Vous vous mariez, m'a-t-on dit; vous êtes riche, vous aurez besoin de quelqu'un qui vous serve... Je m'offre à vous avec toute l'ardeur de la reconnaissance! jour et nuit, voulez-vous mon travail? mes soins?.. Je ne vous quitterai pas, vous n'aurez jamais le temps de former un souhait... ma vie vous appartiendra; seulement, promettez-moi que mon pauvre enfant ne manquera de rien.

JULIE.

J'accepte, restez avec nous... Mais je ne suis pas encore libre d'agir selon mon cœur... J'aurai demain à consulter mon mari... Aujourd'hui, je dois consulter mon père!... Mais il est si bon, vous verrez, pauvre femme!... espérez!...

JEANNE.

Oh! Mademoiselle, Dieu vous bénira pour tout le bien que vous me faites.

SCÈNE IV.

LES MÊMES, DIDIER, COURRIOL.

DIDIER, *entrant du fond.*

Par ici, monsieur Courriol, par ici!

COURRIOL.

Personne encore, je suis bien heureux d'arriver le premier...

Mademoiselle ! (*Il salue.*) Un peu plus tard, je disais Madame.

JULIE, *saluant.*

Monsieur, soyez le bienvenu... (*Voix dans le fond. A Jeanne qui veut se retirer.*) Attendez... voici mon père !...

DIDIER.

Oui... il rentre... avec messieurs Guerneau et Lambert.

SCÈNE V.

LES MÊMES, LESURQUES, GUERNEAU, LAMBERT.

LESURQUES, *à ses amis, au fond.*

Les antichambres sont belles, comme vous voyez ; il y a double sortie et voici le salon où Julie vous attend... (*Entrée des convives.*) Entrez, mes chers amis !... Ah ! nous sommes exacts, nous autres provinciaux... Bonjour, Courriol.

(*Guerneau et Lambert vont saluer Julie et vont s'asseoir sur le canapé de gauche; ils causent entre eux.*)

JULIE, *bas à Lesurques.*

Mon père, voici cette pauvre femme de la maison.

LESURQUES, *de même.*

Ah ! ah ! Eh bien ?...

(*Il s'assied avec sa fille sur le canapé de droite.*)

JULIE.

Pour la secourir sans l'humilier, je voudrais la prendre à notre service.

LESURQUES.

Très-bien... Comment l'appelle-t-on ?

JEANNE.

Jeanne, Monsieur. (*Elle lève les yeux sur Lesurques.*) Ah !...

LESURQUES.

Quoi donc ?

TOUS.

Qu'y a-t-il ?

JULIE.

Qu'avez-vous ?

JEANNE.

Rien... rien, Mademoiselle !...

COURRIOL, *à part*

C'est étrange !

JULIE.

Mais cette exclamation ?...

JEANNE, *avec émotion.*

Excusez-moi, Mademoiselle... une ressemblance...

COURRIOL, *à part.*

Une ressemblance !...

LESURQUES, *se levant.*

Vous êtes de la maison, Jeanne, nous vous recevons de bon cœur. (*Didier va retrouver Julie qui est restée assise.*) Tâchez de nous satisfaire, nous ferons ce qui dépendra de nous pour vous rendre le travail agréable et la vie heureuse.

JEANNE.

Merci de toute mon âme, Monsieur!... (*A part.*) Oh! si bon... quand l'autre...

LESURQUES, *à ses amis.*

Je vous ai fait voir le salon, les chambres à coucher; venez voir ma petite galerie de la salle à manger, venez admirer toutes mes magnificences.

GUERNEAU, *allant à Julie.*

Mademoiselle, voulez-vous me permettre de vous offrir mon bras?

DIDIER.

Pardon, Monsieur, mais...

GUERNEAU.

Qu'est-ce que c'est, qu'est-ce que c'est, j'en suis fâché, Monsieur le futur, mais vous reprendrez vos droits plus tard.

(*Ils sortent à gauche; Courriol reste avec Jeanne.*)

COURRIOL, *à Jeanne.*

De quelle ressemblance parliez-vous, ma bonne?...

JEANNE, *hésitant.*

Moi, Monsieur... mais...

COURRIOL, *à part.*

Elle hésite... si c'était... Impossible... (*Haut.*) Eh bien, vous ne répondez pas?...

JEANNE, *à part.*

Pourquoi me fait-il cette question? (*Daubenton paraît au fond. Haut.*) Mais voici quelqu'un, Monsieur...

SCÈNE VI.

LES MÊMES, DAUBENTON.

DAUBENTON, *à Jeanne.*

Monsieur Lesurques, Mademoiselle?

JEANNE.

C'est ici, Monsieur.

DAUBENTON.

Annoncez monsieur Daubenton, juge de la division du Pont-Neuf.

COURRIOL.

Un juge... ah! (*Il salue.*)

JEANNE, *allant à la porte de gauche.*

Monsieur Daubenton, Mademoiselle.

JULIE, *accourant.*

Monsieur Daubenton!... Ah! que mon père sera heureux... (*Jeanne sort.*)

DAUBENTON.

Bonjour, ma belle petite amie... Vous voilà donc revenue... revenue pour toujours?

JULIE.

Pour toujours, oui, Monsieur. Laissez-moi avertir mon père... il montre ses tableaux à nos amis.

DAUBENTON, *retenant Julie.*

Ne le dérangez pas, d'autant plus que peut-être je ne resterai pas avec vous.

JULIE.

Mon Dieu! pourquoi?...

DAUBENTON.

J'ai reçu avis à deux heures qu'un crime avait été commis près de Paris. L'affaire m'est confiée, j'ai des témoins à recevoir... à entendre...

COURRIOL, *à Daubenton.*

Un crime?... Où donc, Monsieur, je vous prie?

DAUBENTON, *à Courriol.*

A Lieursaint, Monsieur.

COURRIOL.

Merci, Monsieur.

DAUBENTON.

Il n'y a pas de quoi, Monsieur.

COURRIOL, *à part.*

A Lieursaint, diable!

DAUBENTON, *à Julie.*

Qui est ce monsieur, ma chère Julie?

JULIE.

Monsieur Courriol, un ami de collége de mon père... qui a dîné hier avec lui... Et... quel crime, monsieur Daubenton?...

DAUBENTON.

Quelque chose d'affreux... un mystère terrible...

COURRIOL, *à part.*

Un mystère! très-bien! (*Haut.*) Ah! un mystère?

DAUBENTON.

Mais nous avons déjà quelques indices. J'ai envoyé des agents pour recruter des témoignages... il y a un certain aubergiste nommé Jérôme, qu'on n'a pas trouvé encore... mais...

JEANNE, *du fond.*

M. Jérôme Lesurques.

SCÈNE VII.

LES MÊMES, JEROME, DIDIER.

JULIE, *allant à Jérôme.*

Mon grand-père!

JÉROME, *l'embrassant.*

Ma petite Julie! (*Jeanne rentre, et sort à gauche.*)

JULIE.

Voilà donc la surprise que me ménageait mon père... le quatorzième convive qu'il attendait!... Je m'en étais douté! Mais asseyez-vous donc, grand-père. (*Elle le conduit au canapé de droite.*)

COURRIOL, *à part.*

Il me semble que je connais cette figure, que j'ai entendu cette voix. (*Rentrée de Didier.*)

JÉROME.

Ah! ton père m'attendait!

JULIE.

Avec quelle impatience! si vous l'aviez entendu ce matin... n'est-ce pas, Didier? M. Didier, cher grand-père, mon futur mari, qui vous sera un bon fils.

DIDIER.

Certes oui, Monsieur...

JÉROME, *presse la main de Didier et embrasse Julie.*

Pauvres enfants! Vous dites que Lesurques...

DIDIER.

A voulu faire à Mlle Julie, la surprise de votre arrivée; il ne nous l'avait pas annoncée avec certitude, mais nous l'avions bien deviné...

JÉROME.

Est-ce qu'il est ici, Lesurques?

JULIE.

Mais oui... grand-père... il se promène avec nos amis.

JÉROME.

Ah!

JULIE.

Je vais le faire appeler...

JÉROME.

Non... non...

DIDIER.

Permettez, j'y vais. (*Il sort à gauche.*)

JULIE, *à Didier.*

Merci! mais vous êtes pâle, grand-père, seriez-vous fatigué, vous venez de si loin?

COURRIOL, *à Jérôme.*

Monsieur vient de loin? de la campagne peut-être?

JÉROME.

De Lieursaint, Monsieur.

TOUS.

De Lieursaint!

DAUBENTON, *à Jérôme.*

De Lieursaint? ce nom de Jérôme!... Monsieur, connaissez-vous à Lieursaint un aubergiste nommé Jérôme?

JÉROME, *se levant.*

Mais, c'est moi, Monsieur.

COURRIOL, *à part.*

Lui!...

DAUBENTON, *à Jérôme.*

C'est vous!... Ah! Monsieur... vous, le père de M. Lesurques, établi à Lieursaint?

JÉROME.

Son père, oui... qu'y a-t-il d'étonnant à ce que je sois son père! à ce que je sois à Lieursaint?...

JULIE.

Ah! mon père, c'est que personne ne savait que vous fussiez dans ce pays-là?

COURRIOL, *à part.*

Ah! mon Dieu!...

JULIE.

Et puis, cher grand-père, voilà M. Daubenton, un magistrat, qui nous racontait, n'est-ce pas, Monsieur?... (*montrant Courriol.*) qu'un crime a été commis, cette nuit à Lieursaint.

SCÈNE VIII.

LES MÊMES, LESURQUES, *Guerneau, Lambert paraissent à la porte de gauche.*

LESURQUES.

Un crime commis à Lieursaint...cette nuit? Tiens, mon père! cher et excellent père... vous voilà donc arrivé? (*Allant a son père.*)

JÉROME, *frissonnant et le repoussant.*

Oh! c'est bien lui!...

LESURQUES.

En bonne santé, n'est-ce pas, mon père?...

JÉROME.

En bonne santé, oui.

LESURQUES, *prenant son père à bras le corps.*

Embrassez-moi donc!

JÉROME, *le repoussant encore.*

Ah! tu me fais mal!...

LESURQUES *et* JULIE.

Qu'avez-vous?

JÉROME, *avec peine.*

Une blessure légère à l'épaule.

LESURQUES, *avec émotion.*

Mon Dieu!

DAUBENTON, *à Jérôme.*

Une blessure?...

JÉROME, *vivement.*

Ce n'est rien.

DAUBENTON.

Mais, Monsieur, vous êtes de Lieursaint, vous habitez l'endroit même où le crime a été commis?

LESURQUES.

L'endroit même, comment, c'est chez vous?

JÉROME, *surpris.*

Ah! tu sais?

LESURQUES.

M. Daubenton le dit.

DAUBENTON, *à Jérôme.*

Vous devez avoir vu l'horrible scène... on vous signale comme étant arrivé au moment de l'assassinat ?...

LESURQUES.

De l'assassinat ?... parlez-donc, parlez donc, mon père.

DAUBENTON, *à Jérôme.*

Oui, parlez, M. Jérôme, car je vous ai déjà envoyé chercher, pour avoir votre déposition... mes agens se seront croisés avec vous... donnez-moi des détails.

LESURQUES, *appelant un domestique.*

Jean, donnez une chaise à M. Daubenton !

(Le domestique apporte une chaise à Daubenton et recule le canapé de droite ; Lesurques apprête ce qu'il faut à Daubenton qui s'assied et attend, pour écrire sur le guéridon que Lesurques a apprêté.)

JULIE, *à Jérôme.*

Oh ! oui, mon cher père.

LESURQUES.

Oh ! oui ! parlez, mon père.

(Courriol s'essuie le front avec son mouchoir.)

JÉROME.

Tu veux que je parle, Lesurques... tu le veux... soit... Le courrier de Lyon a été assassiné hier soir, avec son postillon, en passant devant ma porte.

JULIE.

Ah !

LESURQUES, *surpris.*

Devant votre porte... hier au soir... à quelle heure donc ?...

JÉROME, *étonné, et à part.*

Son audace m'épouvante !

DAUBENTON, *écrivant.*

Oui... à quelle heure ?...

JÉROME, *avec calme.*

Le courrier passe toujours à huit heures.

DAUBENTON, *écrivant toujours.*

Et vous avez vu ?...

JÉROME.

J'étais absent quand le meurtre fut exécuté.

DAUBENTON.

Mais vous aviez chez vous un valet, je crois?

LESURQUES.

Un enfant...

JÉROME, *vivement.*

Tu le connais ?... Cet enfant, les assassins l'avaient enfermé dans la cave, et là...

COURRIOL, *palpitant.*

Là ?...

JÉROME.

Là, il n'a rien pu voir.

(Courriol respire.)

DAUBENTON, *à Jérôme.*

On dit que vous êtes arrivé au bruit des coups de feu?...

JÉROME.

C'est vrai.

DAUBENTON.

C'est lui qui vous a blessé peut-être?...

JÉROME.

C'est lui.

DAUBENTON.

Alors, vous l'avez vu?

JÉROME.

Comme je vois mon fils...

LESURQUES, *allant à Jérôme.*

Vous le reconnaitrez alors, et un crime aussi odieux ne restera pas impuni; donnez bien son signalement, mon père... dites bien tout ce que vous savez...

JULIE.

Oh! oui, grand-père!

DAUBENTON, *à Jérôme, en se levant.*

C'est un devoir, M. Jérôme, et j'ai hâte de reprendre le caractère du magistrat qui interroge; je vais rentrer chez moi... voudrez-vous bien me suivre? (*Il passe au milieu*).

LESURQUES, *allant à Daubenton.*

Oh! cher M. Daubenton... vous avez jeté l'effroi et la tristesse dans notre petit cercle; en nous enlevant notre père, vous allez redoubler cette tristesse, cet effroi. Demeurez, je vous en supplie, mon père vous dictera sa déposition ici, aussi bien que chez vous.

JULIE.

Ah! oui, Monsieur.

DAUBENTON.

Je le voudrais, ne fut-ce que pour être agréable à notre chère Julie... mais j'attends, d'un moment à l'autre, des éclaircissements, des témoignages, on doit venir me chercher ici.

LESURQUES.

Mais on peut aussi ne pas venir... donnez-nous la préférence. S'il survient quelque chose d'insignifiant, gardez pour vous ce salon qui vous servira de cabinet... Si l'incident avait de l'importance, eh bien, il sera toujours temps de retourner chez vous.

COURRIOL, *à part.*

M'enfuir... c'est éveiller les soupçons.

LESURQUES.

Eh bien! cher M. Daubenton? consentez-vous?

JULIE, *à Daubenton.*

Faites-nous ce plaisir, joignez-vous à nous, M. Courriol, pour décider M. Daubenton.

COURRIOL, *allant à Daubenton.*

Ah! vous ne pouvez nous refuser cela, M. Daubenton, notre fête manquerait.

LESURQUES, *riant*.

Nous sommes innocents ; nous ne devons pas payer pour les coupables.

JÉROME, *à part*.

Suis-je insensé ! une pareille assurance est-elle d'un honnête homme, ou d'un scélérat endurci ?...

DAUBENTON, *allant à Julie*.

Eh bien, qu'il soit fait comme vous désirez, je reste.

LESURQUES.

A la bonne heure ! fais-nous dîner, Julie... place ton grand-père... aie bien soin de lui, et vois s'il souffre de son épaule.

JÉROME, *à part*.

Il m'éloigne...

JULIE.

Venez, grand-père !

(Jérôme et Julie passent au milieu de tout le monde, Jérôme est triste et abattu. Ils sortent à gauche.)

LESURQUES, *à Daubenton qui va pour sortir*.

Un mot, Daubenton, Guerneau, Lambert, je suis à vous ; suis-les Courriol !

COURRIOL, *à part*.

Que veut-il dire à Daubenton! (*Il sort à gauche.*)

SCÈNE IX.

LESURQUES, DAUBENTON, GUERNEAU, LAMBERT.

LESURQUES, *à Daubenton*.

Dites donc, Daubenton, est-ce qu'il y aura beaucoup de dérangement pour mon père, dans cette vilaine affaire-là ?

DAUBENTON.

Non!... l'instruction faite, je tâcherai de ne plus l'appeler, que pour les confrontations.

GUERNEAU, *à Lesurques*.

Tu ne m'avais pas dit hier que ton père habitait à Lieursaint ?...

LAMBERT.

Ni à moi !...

DAUBENTON.

Je ne le savais pas non plus.

LESURQUES.

A quoi bon le dire ?... il se cachait de tous... excepté moi, nul ne l'a su dans la famille.

GUERNEAU.

C'est là que hier tu as été en nous quittant, à cheval ? quelque bonne action, sournois !

DAUBENTON, *à Lesurques*.

Vous avez été hier à Lieursaint ?...

LESURQUES, *avec hésitation*.

Non, j'ai été faire une promenade à... à Vincennes.

SCÈNE X.

LES MÊMES, JEANNE, *apportant une lettre.*

JEANNE, *entrant du fond.*

M. le juge Daubenton ?...

DAUBENTON.

Que me veut-on ?...

JEANNE.

Un agent et deux gendarmes amènent un témoin.

DAUBENTON, *à Lesurques.*

Voyez-vous !... un témoin... Il faut que je parte.

LESURQUES.

Ne vous ai-je pas dit que ce salon est à vous... Qu'est-ce que vous gagnerez à partir ? Est-ce que vous ne pouvez interroger ici ce témoin ?...

DAUBENTON.

C'est vrai. Ce n'est qu'une formalité à remplir... Dix minutes !...

LESURQUES, *à Guerneau et Lambert.*

Venez ! venez !... Laissons Daubenton chez lui. Jeanne, introduisez par cette porte tous ceux qui demanderont à parler à Monsieur. Plumes, encre, papier, vous avez là tout ce qu'il faut pour faire couper la tête à vingt scélérats... Expédiez-les vite, cher ami, le potage refroidirait. (*Ils sortent à gauche.*)

SCÈNE XI.

DAUBENTON, GENDARMES, UN AGENT, JOLIQUET.

DAUBENTON, *à Jeanne.*

Faites entrer. (*Jeanne va à la porte de droite et introduit l'agent. L'agent salue.*)

DAUBENTON.

Qui amenez-vous là ?...

L'AGENT.

Le témoin que M. le juge d'instruction nous a fait chercher à Lieursaint... ce garçon d'auberge...

DAUBENTON.

Ah !... oui, celui que les meurtriers ont enfermé dans la cave... Amenez-le. (*Daubenton va s'asseoir sur le canapé de gauche ; Joliquet entre de droite.*) Comment vous appelez-vous, mon garçon ?

JOLIQUET.

Joliquet... Monsieur... au service de M. Jérôme.

DAUBENTON.

De M. Jérôme Lesurques ?

JOLIQUET.

Ah ! je ne sais pas si c'est Lesurques, je sais que c'est Jérôme.

DAUBENTON.

Vous étiez là, quand le meurtre a été commis ?...

JOLIQUET.

J'étais dans la cave, monsieur le Juge.

DAUBENTON.

Mais... avant le meurtre?

JOLIQUET.

Oh! avant le meurtre, je n'étais pas dans la cave.

DAUBENTON.

Alors vous avez vu?...

JOLIQUET.

Cette bêtise! J' crois bien que j'ai vu!

DAUBENTON.

Quoi?...

JOLIQUET.

J'ai vu d'abord celui qui m'a demandé du vin... et à qui j'ai prêté du fil pour raccommoder son éperon, du fil de Bretagne, le scélérat!...

DAUBENTON, *se levant.*

Ah! voilà un renseignement... Et ensuite?

JOLIQUET.

Oh! ensuite, j'ai vu celui qui m'a...

DAUBENTON, *allant au guéridon à droite prendre des notes.*

Attendez.

SCÈNE XII.

LES MÊMES, COURRIOL.

COURRIOL, *à part, entrant de gauche.*

Décidément, je n'y tiens plus... le parti le plus sage, c'est de fuir... (*A Daubenton.*) Pardon, mais... (*Apercevant Joliquet.*) Le garçon d'auberge!

JOLIQUET.

Ah! mon Dieu!

DAUBENTON.

Quoi?...

JOLIQUET.

En voilà un!...

COURRIOL, *à part.*

Il me reconnaît!...

DAUBENTON, *à Joliquet.*

Que voulez-vous dire?...

JOLIQUET.

C'est lui qui m'a enfermé dans la cave.

JEANNE.

Grand Dieu!...

COURRIOL, *à part.*

Si j'hésite, je suis perdu!... (*Haut.*) Qu'est-ce, qu'y a-t-il?... (*Il s'avance sur Joliquet.*)

JOLIQUET, *criant.*

Au voleur!...

DAUBENTON.

Etes-vous fou, jeune homme, ou parlez-vous selon votre conscience?

JOLIQUET.

Je vous dis que c'est lui...

COURRIOL.

Ce garçon perd la tête.

JOLIQUET.

Je reconnais sa petite voix flûtée... Arrêtez-le, arrêtez-le, gendarme !

COURRIOL, *saisissant Joliquet au collet. L'agent sort par le fond et revient avec deux gendarmes qui restent au fond, près de la porte de droite.*

Malheureux ! malheureux ! (*L'agent les sépare et rassure Joliquet.*)

DAUBENTON.

Eh ! Monsieur, laissez-le parler !...

COURRIOL.

Eh ! Monsieur, en présence d'une accusation stupide...

DAUBENTON.

Vous ne vous défendrez, Monsieur, que plus facilement.

COURRIOL.

Qu'il se rétracte, le drôle ; ou sinon...

JOLIQUET, *effrayé.*

Ah ! gendarmes ! gendarmes...

(*Le monde arrive au bruit.*)

SCÈNE XIII.

LES MÊMES, JULIE, JÉROME, *puis* LESURQUES.

JÉROME, *venant de gauche.*

Qu'y a-t-il ? Qu'y a-t-il donc ?...

JOLIQUET.

Ah ! patron ! patron ! j'en tiens un... C'est-à-dire nous en tenons un !... (*Rumeurs.*)

JULIE, *arrivant de gauche.*

Mais c'est M. Courriol !...

COURRIOL.

Oui, Mademoiselle, oui, moi ! que ce misérable accuse.

LESURQUES, *arrive de gauche, suivi de Guerneau, Lambert et Didier attirés par le bruit.*

Quel est ce bruit ?... qui accuse-t-on ici ?

JOLIQUET, *montrant Lesurques.*

Ah ! voilà l'autre...

TOUS.

L'autre ?...

DAUBENTON, *à Joliquet.*

Plaît-il ?...

JOLIQUET, *s'éloignant de Lesurques.*

Voilà l'assassin du courrier !

LESURQUES.

Moi ?

JULIE.

Mon père?

COURRIOL, *à part.*

Oh!... la ressemblance.

DAUBENTON, *à Joliquet.*

Quoi! vous accusez aussi monsieur, mais c'est de la folie!

JOLIQUET.

C'est lui qui a cassé son éperon chez nous.

JULIE.

Son éperon!... grand Dieu!

JOLIQUET.

Et à qui j'ai donné du fil pour rattacher la chaînette.

JULIE, *à Didier.*

La chaînette! Ah! mon père! mon père!...

DAUBENTON, *retombe assis.*

Ah! mon Dieu!

JÉROME, *consterné.*

Tout est perdu!

DAUBENTON, *à Joliquet.*

Mais monsieur n'a pas été à Lieursaint, mon ami... il vient de nous le dire à l'instant même.

JÉROME, *à Joliquet.*

Non, non; il n'a pas été à Lieursaint.

JOLIQUET.

Ah! par exemple, patron... vous dites cela, vous qui avez reçu son coup de pistolet...

JÉROME.

Je te dis que ce n'est pas lui... je te dis qu'il n'est pas venu chez nous!

LESURQUES.

Inutile de mentir, cher père!...

JOLIQUET, *à part.*

Son père!...

LESURQUES.

Je puis avoir été à Lieursaint, et n'être pas coupable pour cela... je n'ai pas besoin d'un mensonge pour me défendre.

GUERNEAU, *allant à Lesurques.*

Tu as été à Lieursaint?

LESURQUES, *à Guerneau et Lambert.*

Oui, eh bien!... Est-ce que vous ne m'avez pas vu partir sur le cheval que Courriol m'a fait louer?

COURRIOL, *à part.*

En voilà bien d'une autre!

DAUBENTON, *à Lesurques.*

Vous avouez maintenant, avoir été à Lieursaint hier... avec M. Courriol?

LESURQUES.

J'y suis allé... je ne dis pas avec Courriol... mais sur un cheval qu'il m'a procuré.

GUERNEAU, LAMBERT.

C'est vrai, nous l'affirmons !

COURRIOL.

Mais, Monsieur, j'ai pu faire louer un cheval à Lesurques, sans aller pour cela à Lieursaint, je n'y suis pas allé !..

JOLIQUET.

Menteur !

JULIE.

Mon Dieu !. . mon Dieu !...

DAUBENTON, *à Lesurques.*

Et vous êtes entré chez votre père, comme dit le témoin ?...

LESURQUES.

Je l'avoue.

DAUBENTON.

Et vous avez cassé là et raccommodé votre éperon ?

LESURQUES.

Pourquoi le nierais-je ?..

COURRIOL, *à part.*

Ah ! pauvre garçon, tu t'enferres !

JÉROME, *bas, à son fils.*

Mais tais-toi donc malheureux !

DAUBENTON.

Prenez garde, Lesurques, si vous avouez tout cela, ce garçon ne s'est donc pas trompé en vous reconnaissant ?

LESURQUES.

Assurément, et je le reconnais aussi.

DAUBENTON.

Mais savez-vous qu'il vous appelle l'assassin du courrier ?

LESURQUES.

Moi ! ah !

JÉROME, *vivement.*

Non ! Joliquet ne peut dire cela... il ne le dit pas.

JOLIQUET, *hésitant.*

Dame ! patron...

DAUBENTON, *à Joliquet.*

Ah ! vous n'êtes plus sûr maintenant !...

JOLIQUET.

Ecoutez donc... le fils du patron !...

LESURQUES, *à Joliquet.*

Oh ! mais ce n'est pas là le langage qu'il me faut... pas de ménagements, je n'en veux pas... m'as-tu vu oui ou non, chez mon père ?

JOLIQUET, *qui est allé près de Jérôme.*

Faut-il dire ?... (*Jérôme hésite.*)

LESURQUES, *à Jérôme.*

Laissez-le dire, mon père, ordonnez-lui de dire la vérité.

JÉROME, *bas à Lesurques.*

Tu te perds...

LESURQUES, *à Joliquet.*

M'as-tu vu oui ou non, chez mon père, et m'as-tu donné du fil, pour rattacher mon éperon, dis oui, puisque je dis oui !

JOLIQUET.

Alors, oui !

LESURQUES.

Maintenant tu sais bien que je suis parti de la maison, pendant que tu cherchais du vin.. pendant que tu étais à la cave... tu chantais... tu le sais !...

JOLIQUET, *à Jérôme.*

Faut-il toujours dire oui ?

LESURQUES, *à Jérôme.*

Mon Dieu, mais parlez vite, mon père, vous qui savez ce que j'allais faire chez vous.

JÉROME, *étonné.*

Moi !

LESURQUES.

Dites, il le faut bien, maintenant, il n'y a plus de délicatesse à faire... dites ce que vous avez trouvé...

JÉROME, *surpris.*

Ce que j'ai trouvé ?...

LESURQUES.

Dans votre chambre, mais parlez donc. .

JÉROME.

Mais je ne sais.

LESURQUES.

Ce sac...

JÉROME, *éperdu.*

Ah ! un sac...

LESURQUES.

Que j'ai laissé sur votre commode...

JÉROME, *balbutie.*

Sur la commode....

LESURQUES.

Cet argent... parlez donc... oh ! mais parlez donc, mon père...

JULIE.

Grand-père !...

DIDIER.

M. Jérôme !...

GUERNEAU *et* LAMBERT.

M. Jérôme.

DAUBENTON, *à Jérôme.*

La vérité, Monsieur, la vérité !...

LESURQUES, *hors de lui.*

Dites-leur donc que j'allais à Lieursaint, pour vous porter

cet argent... justifiez-moi donc! mon père, vous voyez bien qu'on me prend pour un assassin...

JÉROME, *balbutiant, chancelant.*

Non! non! il allait... il allait!... ah...

(*Il s'évanouit; on le conduit sur le canapé de gauche; mouvement d'effroi. Jeanne apporte un flacon, Didier le lui fait respirer.*)

DIDIER, *à Lesurques.*

Ce n'est rien!

LESURQUES, *anéanti.*

Que veut dire tout cela, mon Dieu...

DAUBENTON, *à Joliquet.*

Témoin, persistez-vous dans votre déposition?

JOLIQUET, *hésitant.*

Monsieur!

LESURQUES, *à Joliquet.*

Je t'adjure, au nom du ciel, au nom sacré de Dieu que nous adorons, de dire la vérité.

DAUBENTON.

Et je vous le recommande sous peine d'être arrêté comme faux témoin... Persistez-vous à reconnaître Lesurques pour l'avoir vu chez votre maître hier 8 floréal à Lieursaint?

JOLIQUET.

Oui, Monsieur...

COURRIOL, *à Daubenton.*

Mais alors, Monsieur, moi?...

JOLIQUET, *avec force.*

Oh! celui-là n'est pas de la famille; je ne barguignerai pas... la tête sur le billot, je le dirais encore... oui, il en est, je l'ai vu!...

DAUBENTON.

Gendarmes, au nom de la loi, saisissez cet homme.

(*Il s'arrête un moment, la tête dans ses mains, avec une douleur profonde.*)

JEANNE, *à part.*

Oh! je comprends!

DAUBENTON, *se lève et touche Lesurques sur l'épaule.*

Lesurques! au nom de la loi je vous arrête?...

JULIE, *allant à Lesurques.*

Mon père!

LESURQUES, *la presse dans ses bras.*

Ma fille!

(*Tout le monde est dans la consternation.*)

FIN DU 2e ACTE ET DU 3e TABLEAU.

ACTE III.

QUATRIÈME TABLEAU.

Dans l'appartement que devait habiter Lesurques. — Rez-de-chaussée élevé sur une cour ; à droite pan coupé, une fenêtre et deux fauteuils, face au public ; à gauche cheminée garnie, pendule et au milieu un guéridon et deux fauteuils à l'entour ; porte au milieu, laissant voir une belle antichambre.

SCÈNE PREMIÈRE.

JEANNE, *seule, sortant d'une porte de gauche, premier plan.*

Non, c'est impossible, juges, témoins, rien ne me prouve que ce malheureux soit coupable ; il y a quelque funeste erreur, sous cette ressemblance, que seule, je soupçonne. Mon Dieu ! est-ce que vous m'auriez conduite dans cette maison pour rendre la vie qu'on m'a sauvée... La pauvre jeune fille croit en ma reconnaissance ; s'il ne fallait que mon sang pour sauver l'honneur de ta famille, je donnerais mon sang avec joie ! Tu as conservé une mère à mon fils... pourquoi ne rendrais-je pas ton père à sa fille ! Oh ! une preuve, une seule preuve, et tu verras si j'oublie le bien, chère maîtresse ! une seule preuve, et tu verras, Dubosc, si je sais me souvenir du mal !

SCÈNE II.

JEANNE, JULIE, *entrant du fond.*

JULIE, *une lettre à la main.*

Jeanne !

JEANNE, *à part.*

Elle a encore pleuré... pauvre enfant ! (*Haut.*) Mademoiselle.

JULIE.

Comment va mon grand-père ce matin ?...

JEANNE.

Comme à l'ordinaire, Mademoiselle, comme depuis qu'il est ici.

JULIE.

A-t-il dormi ?...

JEANNE.

Il ne dort plus.

JULIE.

A-t-il souhaité de me voir... vous l'a-t-il dit ?...

JEANNE.

M. Jérôme ne parle plus, Mademoiselle, depuis que le procès est commencé.

JULIE, *va au guéridon, et cherche dans les papiers.*

Pas de nouvelles du palais... de M. Daubenton ?

JEANNE.

Aucune !...

JULIE.

Il n'est venu aucun des amis de mon père?

JEANNE.

Personne ne vient plus ici.

JULIE, *vivement.*

Personne?...

JEANNE.

Oh !... excepté M. Didier... qui vient tous les jours, lui.

JULIE, *amèrement.*

Oui, et qui n'est pas venu hier! pour la première fois; il m'abandonne, c'est bien naturel, je ne lui en veux pas!

JEANNE.

Ah ! Mademoiselle, il viendra ! il viendra !

JULIE, *allant à Jeanne.*

S'il venait... et que je ne fusse pas à la maison, vous lui remettriez cette lettre... s'il insistait après l'avoir lue (*Didier entre du fond*), eh bien !... eh bien ! Jeanne, vous lui diriez... (*Apercevant Didier.*) Didier... ah !...

SCÈNE III.

LES MÊMES, DIDIER.

DIDIER, *allant à Julie.*

Bonjour, Mademoiselle.

JULIE.

Didier !... M. Didier !...

JEANNE.

Je savais bien qu'il viendrait! (*Elle sort par le fond.*)

DIDIER.

Comme vous me recevez froidement.... est-ce parce qu'hier je n'ai pu venir ?.. oh! croyez bien...

JULIE.

Ne vous excusez pas... je n'ai rien à exiger de vous... ce que vous avez fait... je ne vous le reproche pas...

DIDIER.

Je vous en supplie, ne prenez pas avec moi ce ton solennel, glacé, qui me désespère... surtout ne m'accusez pas !...

JULIE, *lui donnant une lettre.*

Vous verrez, en lisant cette lettre, que loin de vous accuser, je vous remercie d'avoir si longtemps contraint votre amitié de survivre à notre malheur ; non, je ne vous accuse pas, M. Didier,et si je le fesais, je serais ingrate... (*Fausse sortie.*)

DIDIER.

Vous me quittez ?...

JULIE.

Lisez !

DIDIER.

Que pouvez-vous m'écrire, que vous n'ayiez plus tôt fait de me dire à moi-même ?

JULIE.

Lisez, vous dis-je !... ma lettre est plus hardie que moi... souvent... la main a le courage de tracer un mot... que la bouche et le cœur se refuseraient à prononcer.

DIDIER.

Quel mot ?... vous m'effrayez ?... de quel mot voulez-vous parler ? (*Fausse sortie de Julie.*) Oh ! restez, Julie... quel est ce mot... je vous en supplie ?...

JULIE.

C'est un mot qui met souvent l'inconnu, parfois l'éternité entre deux amis qui se séparent... c'est le mot adieu, M. Didier.

DIDIER.

Adieu !... vous me dites adieu !... vous avez écrit là, que vous vous sépariez de moi !...

JULIE.

Je l'ai écrit.

DIDIER, *froissant le billet.*

Pourquoi cela ?...

JULIE.

Parce que vous êtes un honnête homme, vous, parce que vous avez une belle fortune et un heureux avenir, parce que votre nom est sans tache, et que moi... lisez, je vous en supplie, épargnez-moi le supplice de vous dire ce que je vous écrivais.

DIDIER, *déchirant le billet.*

Je ne lirai pas le mot adieu, écrit par vous, Julie; regardez-moi, réfléchissez, et si vous avez le courage de le dire en face, eh bien ! dites.

JULIE.

Je le dirai, car il n'est pas juste que je vous fasse porter ce lourd fardeau de notre honte et de notre malheur... Didier, l'opprobre, la ruine, le désespoir planent sur cette maison !... Fuyez, il en est temps encore, fuyez, tandis que je vous parle... demain peut-être, il serait trop tard, fuyez !...

DIDIER.

Julie !...

JULIE.

Oh ! ce n'est pas que mon père soit coupable... à mes yeux ! qu'importe ce que disent les témoins, qu'importe ce que disent les accusateurs, qu'importe ce que décidera le Jury !... On a vu, dit-on, mon père criminel un instant, mais moi depuis seize ans, depuis que je respire, je l'ai vu le meilleur, le plus loyal des hommes ! oh ! ce n'est pas devant moi qu'il faut l'accuser ! Mais tout cela ne doit pas vous toucher, Didier, je suis la fille de M. Lesurques, moi, c'est mon devoir de parler ainsi ; vous qui avez un père aussi, vous qui avez des sœurs, vous ne devez pas accepter une part de notre déshonneur, qui rejaillirait sur votre famille... vous m'aviez promis de m'épouser, je vous rends votre parole ; vous m'avez dit que vous m'aimiez, je ne m'en souviendrai plus ; à partir de ce moment, Didier, vous êtes dégagé, vous êtes libre, pardonnez-moi le tort involontaire que vous aurez reçu de moi.

DIDIER.

Mademoiselle, chacun me regarde comme un honnête homme; eh bien, je cesserais de l'être, si je reprenais ma parole... Avec qui me suis-je engagé? avec votre père, qui pour moi non plus, n'a pas démérité un seul moment... Son innocence, vous en êtes sûre, dites-vous, moi, je dis plus, je la prouverai, dussé-je employer à cela, tout le temps que j'ai à passer sur la terre ! dussé-je y perdre ma fortune et ma vie elle-même, car j'avais juré à votre père de vous rendre heureuse, et il ne peut y avoir de bonheur pour vous, sans la présence de ce père justifié, réhabilité, rendu à l'amour, à l'estime de toute sa famille. *(Didier se lève.)* Ce que je jure, Mademoiselle, je le tiens !... J'accomplirai donc cette œuvre, et quand Dieu m'aura conduit au bout de ma tâche, quand je vous aurai aidée, soutenue, consolée, pendant la captivité de M. Lesurques, quand je le verrai libre dans vos bras, quand je saurai qu'il n'existe plus une ombre dans votre bonheur, un nuage dans votre avenir, alors, Mademoiselle, si vous me le demandez toujours, j'oublierai... que vous, vous aussi vous étiez engagée envers moi, et que naguère encore, vous me disiez : Didier, je vous épouse, non pas parce que je suis riche, entourée, heureuse, mais je vous épouse, Didier, parce que je vous aime !

JULIE.

Oh ! Didier, je vous aime plus que jamais !

DIDIER, *prenant les mains de Julie qui se lève.*

Vous m'aimez, Julie, alors votre main dans la mienne, marchons la tête bien haute, bien fière, quel que soit l'arrêt qui frappera notre père. Julie, nous avons deux ressources inépuisables, deux forces que rien ne saurait dompter !... notre amour, qui nous soutiendra contre la méchanceté des hommes; notre bonne conscience, qui plaidera pour nous, devant le tribunal de Dieu.

JULIE, *à Didier.*

Oh! Didier, vous me rendez la religion !... (*Elle tombe à genoux.*)

DIDIER, *la relevant.*

Oh! nous n'avons pas à désespérer, tout n'est pas fini pour nous, ni pour lui... on a trouvé de nouveaux témoins !

JULIE.

Où cela ?...

DIDIER.

A Montgeron ; c'est un village sur la route de Lieursaint ; des hommes à cheval s'y seraient arrêtés le jour de l'assassinat... Ils auraient bu, mangé à l'hôtel de la poste... Leurs chevaux, signalés en ce pays, auraient été reconnus ici, chez un loueur nommé Choppard, vous savez, celui qu'on a tant cherché, mais qu'on n'a pu retrouver ?

JULIE.

Oui, je sais... et les gens de Montgeron?...

DIDIER.

Disent qu'ils les reconnaîtront, si on les leur montre.

JULIE.

Cet espoir nous reste, alors!...

DIDIER.

Ah! Julie! voilà ce que j'ai dit sur-le-champ à M. Daubenton, quand hier, il m'apprit cette nouvelle... C'est un homme sévère, inflexible, mais esclave de son devoir, et par conséquent d'une justice à toute épreuve... Je ne négligerai rien, me dit-il, pour arriver à la vérité... Je ne négligerai rien pour justifier Lesurques, s'il mérite qu'on le justifie... Trouvez-vous demain chez lui, à onze heures; vous saurez ce que j'ai décidé : j'espère que vous serez content.

JULIE, *allant regarder l'heure.*

Oh!.. tout n'est pas perdu si M. Daubenton s'intéresse à nous... Mais voici l'heure qu'il a fixée, tiendra-t-il sa promesse!

SCÈNE IV.

LES MÊMES, DAUBENTON, JEANNE.

JEANNE, *entre du fond.*

M. Daubenton!

JULIE, DIDIER, *allant à lui.*

Ah! Monsieur, soyez béni!

DAUBENTON.

Vous me remercierez, mes amis, si je réussis dans ce que je projette; ce qu'il nous faut, c'est la vérité; nous n'y parviendrons qu'à l'aide de témoignages sincères, irrécusables. Or, des témoins peuvent être influencés quand on leur montre dans le greffe ou dans le cabinet d'un juge d'instruction des accusés pâlis par le chagrin, par la honte, par l'inquiétude!... L'émotion d'un innocent même, tourne alors contre lui. Moi je ne procèderai pas ainsi pour Lesurques, il a été mon ami, je lui laisserai toutes les chances possibles!

JULIE.

Ah!... Monsieur... que ferez-vous?...

DAUBENTON.

J'ai ordonné qu'on amenât ici les accusés.

JULIE.

Ici!.. mon père ici!...

DAUBENTON.

Oui, je ne le traiterai pas en accusé... votre père sera assis parmi nous, libre de tout cet appareil imposant, qui accompagne les formalités judiciaires. A côté de lui sera Courriol, que tant de témoignages ont signalé comme ayant accompagné Lesurques à Lieursaint; au milieu de cette réunion imprévue, calme, composée de gens indifférents en apparence, les nouveaux témoins seront introduits, et rien ne leur désignera ceux que leur dénonciation doit atteindre. Cette épreuve est loyale, mes amis, elle sera décisive !

DIDIER.

Elle est l'idée d'un honnête homme.

JULIE.

Oh ! d'un ami... elle réussira, j'en suis sûre.

DAUBENTON.

Je le crois comme vous, et je le désire d'autant plus, qu'en ce moment l'affaire a pris des proportions inquiétantes. Le Jury se forme déjà une opinion. Ces derniers témoignages, la rendront définitive... Mais parlons de ce qui va se passer ici. Un témoin va venir, c'est le loueur de chevaux, Choppard, qu'on vient de retrouver après d'actives recherches. Cet homme-là peut-être dira-t-il bien des choses !... Me promettez-vous, mon enfant, d'être quoi qu'il arrive, patiente, courageuse, impassible?... Ne me faites pas regretter d'avoir écouté plutôt mon amitié que mon devoir, en amenant ici celui que la loi m'ordonne d'interroger dans sa prison.

JULIE.

Oh ! Monsieur !... pour acquérir une preuve de l'innocence de mon père... je souffrirais la torture sans me plaindre... ne craignez rien de moi... si je manque de courage, nul ne s'en apercevra, que Dieu qui lit dans mon cœur.

DAUBENTON.

Bien, bien ! ma pauvre Julie !... Mais votre grand-père... où est-il, que fait-il ?... son courage à lui, en êtes-vous satisfaite ?...

JULIE.

Mon grand-père, Monsieur, l'accusation lui a fait perdre les forces du corps et celles de l'esprit; une condamnation terminera l'œuvre, elle lui ôtera la vie. (*Bruit de voiture.*)

DIDIER, *allant à la fenêtre.*

Monsieur, Monsieur, voici un fiacre qui entre dans la cour.

JULIE, *allant à Didier.*

Y voyez-vous mon père, Didier ?...

DAUBENTON.

Pas encore; c'est l'homme dont je vous parlais !... S'il vient déjà, Lesurques ne peut être loin; j'avais commandé qu'on l'amenât un quart d'heure après Choppard.

DIDIER, *à Julie.*

Allons, Julie, du courage !...

JULIE.

Oui... oui...

SCÈNE V.

LES MÊMES, CHOPPARD, UN AGENT, *entrant du fond.*

DAUBENTON, *à l'agent.*

Cet homme est le témoin Choppard ?...

CHOPPARD

Oui, Monsieur, Pierre Choppard, maquignon, dit l'aimable.

DAUBENTON, *à l'agent.*

Bien ! laissez-nous ! (*Il sort et reste au fond, la porte se ferme.*)

CHOPPARD, *à part.*

Témoin... allons tout va bien !... témoin, c'est une position sociale acceptable... mais où diable m'ont-il amené ici ?...

DAUBENTON.

Vous avez disparu, M. Choppard, le lendemain de l'assassinat, c'est étrange.

CHOPPARD.

Monsieur, j'ai l'habitude de suivre tous les ans les foires du Perche, où je fais mes marchés, toutes fois et quand y en a. C'était l'époque, je suis parti comme à l'ordinaire... l'assassin qu'a eu lieu ne pouvait m'empêcher nonobstant de faire mes affaires.

DAUBENTON.

Mais vous avez aussi des affaires à Paris, cependant ?...

CHOPPARD.

J'ai ma femme qui les fait pour moi, et qui tient mes livres... je n'ai à m'inquiéter que des achats.

DAUBENTON.

D'ailleurs, Monsieur, ce n'est pas pour vous reprocher ce départ que la justice vous appelle ; nous avons besoin de votre témoignage, voilà tout; nous voulons vous confronter avec les accusés !...

CHOPPARD.

Je suis prêt, Monsieur ! (*A part.*) Ah ! je souffle un brin ! C'est égal, c'est un vilain moment, voir des amis dans le pétrin et se sentir tout guilleret, tout libre. Après tout, des amis, non pas ! Qui ont-ils pris ? Courriol, voilà le seul nom que je connaisse ! Eh bien ! ce n'est pas un ami... Courriol... Quant à l'autre, je ne le connais pas, et tant qu'on n'aura pas pris le grand, l'illustre Dubosc, le seul à qui je m'intéresse !...

SCÈNE VI.

LES MÊMES, JEANNE, DES GENDARMES, *puis* LESURQUES, COURRIOL.

JEANNE, *entre du fond.*

Mademoiselle !... Mademoiselle, le voilà ! on l'amène !...

JULIE.

Lui ?...

DIDIER.

Lui !...

JULIE, *s'élançant.*

Ah !... mon...

DAUBENTON, *la contenant du geste.*

Silence !... (*Lesurques paraît.*)

CHOPPARD.

Dubosc ! oh !... mille millions ! ils l'ont pris !

JEANNE.

Il a tressailli comme moi !...

COURRIOL.

Choppard !...

LESURQUES, *entrant lentement. Daubenton va parler à l'agent qui reste au fond.*

Voici ma maison, si gaie, si tranquille, où j'avais espéré d'être si heureux !... et mes enfants !... Monsieur... Est-ce qu'il me sera permis d'embrasser ma fille !...

CHOPPARD.

Sa fille !...

DAUBENTON.

La justice, Monsieur, n'est pas l'inhumanité !

LESURQUES.

Merci! (*Il tend les bras à Julie qui vient s'y jeter, tandis que Didier lui serre les mains.*)

CHOPPARD.

Tiens ! tiens ! pauvre Dubosc ! a-t-il une nichée de famille ! ça m'intéresse encore plus ! aie pas peur, va, ce n'est pas moi, qui te chargerai.

DAUBENTON, *à Choppard.*

Qui reconnaissez-vous ici ?...

CHOPPARD, *à part.*

Voilà le moment. (*Haut.*) Moi ? mais... je reconnais M. Courriol que voici... Bonjour, M. Courriol, ça va bien chez vous ?...

COURRIOL.

Votre très-humble, M. Choppard.

DAUBENTON.

Que nous direz-vous sur monsieur, relativement au 8 floréal ?...

CHOPPARD.

Mais rien de particulier...

DAUBENTON.

Vous ne lui avez pas loué un cheval ce jour-là ? ..

CHOPPARD.

Peut-être oui, peut-être non.. je ne sais pas !...

COURRIOL.

J'en louais souvent chez lui... il n'est pas étonnant...

DAUBENTON, *à Courriol.*

Taisez-vous !... (*A Choppard.*) Mais il y a une autre personne ici, que vous pourriez reconnaître aussi ?...

CHOPPARD, *à part.*

Nous y voilà !... (*Haut.*) Qui donc ?...

DAUBENTON, *montrant Lesurques.*

Monsieur, par exemple.

CHOPPARD, *allant à Lesurques.*

Monsieur ?... je ne le connais pas...

JULIE, *joyeuse.*

Oh !...

DIDIER.

Mon Dieu !... (*Il lui serre les mains.*)

DAUBENTON.

Faites attention cependant que monsieur a été chez vous le 8 floréal.

(*Lesurques descend, Choppard va vers Lesurques.*)

CHOPPARD.

Chez moi ?... (*Il fait un signe à Lesurques étonné.*)

DAUBENTON.

Sans doute, monsieur l'a déclaré.

CHOPPARD, *surpris.*

Monsieur !... (*Bas à Lesurques.*) T'as déclaré cela, malheureux ?...

LESURQUES, *haut.*

Plait-il?... Que dites-vous ?...

DAUBENTON.

Comment ?...

CHOPPARD, *à Daubenton.*

Moi? rien... (*A part.*) Qu'est-ce qu'il a donc?... (*Haut à Lesurques.*) C'est M. le juge qui prétend que vous avez déclaré...

LESURQUES.

J'ai déclaré ce qui est.

CHOPPARD.

Que vous êtes venu chez moi ?...

LESURQUES.

Conduit par Courriol, oui.

CHOPPARD.

Le 8 floréal, jour de l'assassin ?...

LESURQUES.

Le 8 floréal.

CHOPPARD, *bas à Lesurques.*

Ah ! ça, mais tu es fou !

LESURQUES, *à Choppard.*

Mais qu'avez-vous donc à me faire tous ces signaux ?...

DAUBENTON.

Des signaux ?...

CHOPPARD, *à Daubenton.*

Des signaux, moi ?... (*A part.*) Il est enragé. (*Bas.*) Tu te mets dedans !... Laisse-moi nier !...

LESURQUES, *à Choppard.*

Mais, je ne vous connais pas, je ne sais ce que vous avez à me parler bas, à me donner des conseils !... J'ai été chez vous, vous dis-je, et c'est vrai !...

CHOPPARD, *à part.*

Ah ! ma foi, tant pis !... (*Haut.*) Monsieur, je ne dis pas non ; mais si j'étais pas chez moi, je n'ai pu vous y voir.

DAUBENTON.

Si vous n'étiez pas chez vous, où étiez-vous donc ?...

CHOPPARD.

Ah ! dame !...

DAUBENTON.

Cherchez bien !...

CHOPPARD, *à part.*

Il paraît qu'en voulant sauver l'autre, je m'embourbe, moi !...

COURRIOL, *passant.*

Je puis aider sa mémoire, si M. le juge y consent. (*Sur un signe de consentement de Daubenton, Courriol continue.*) Il était environ quatre heures, n'est ce pas, Lesurques ?

CHOPPARD, *étonné.*

Lesurques !...

COURRIOL, *bas à Choppard.*

Eh ! oui, ce n'est pas Dubosc, c'est l'homme qui lui ressemble !... et qu'on prend pour lui !...

CHOPPARD.

Ah ! ce n'est pas Dubosc... attends... attends...

DAUBENTON, *les examinant.*

Ils se sont parlé !...

JEANNE.

Est-ce qu'ils n'ont pas nommé Dubosc?...

COURRIOL.

Il était donc quatre heures, et à cette heure-là Choppard était chez lui.

CHOPPARD.

Ah ! oui, à quatre heures, j'étais chez moi!...

LESURQUES.

Mais, je ne vous y ai pas vu, moi!

CHOPPARD.

J'y pouvais être sans que vous me vissiez.

COURRIOL.

Et M. Lesurques a pris un cheval chez vous, Choppard ?...

CHOPPARD.

Oui, le Souffleur.

COURRIOL.

Mais, moi... est-ce que j'ai pris un cheval ce jour-là, Choppard? Est-ce que j'ai été avec Lesurques ?

CHOPPARD.

Avec Lesurques ? non... j'en jure par tout ce qu'il...

DAUBENTON, *à Choppard.*

C'est bien, c'est bien, je ne vous demandais pas cela.

COURRIOL, *à Daubenton.*

Ah ! Monsieur, c'est que si j'ai trouvé le moyen de prouver mon innocence...

CHOPPARD.

C'est vrai qu'il est innocent... comme moi.

COURRIOL.

Redemandez encore à Lesurques si j'ai été avec lui à Lieursaint.

LESURQUES.

Non... il n'y a pas été... avec moi, du moins!

CHOPPARD.

Et maintenant, Monsieur, que vous avez reçu ma déposition, puis-je m'en retourner?... (*Fausse sortie.*)

DAUBENTON, *à Choppard.*

Non, pas encore!...

CHOPPARD, *revenant à Daubenton.*

Il me semble cependant que... et puis, v'là l'heure de donner l'avoine aux chevaux et de manger la soupe, mon bon juge.

DAUBENTON.

J'ai encore besoin de votre présence.

CHOPPARD.

Pourquoi faire, s'il vous plaît?...

DAUBENTON.

Vous le saurez tout à l'heure. (*On entend du bruit.*) Tenez, vous allez le savoir... Asseyez-vous, Lesurques, auprès de votre fille! Vous, monsieur Courriol, causez avec M. Didier. Monsieur Choppard, veuillez vous tourner de mon côté... pas d'affectation, pas d'inquiétude, pas de gène, et que personne ne parle avant que j'aie parlé.

CHOPPARD, *à part.*

Quelle diable d'idée a-t-il de me faire rester ici!... Oh! vraiment une ressemblance comme celle-là!... A-t-il de la chance, ce Dubosc!...

COURRIOL, *à part.*

Cela ne nous présage encore rien de bon!...

LESURQUES, *à Julie.*

Qu'y a-t-il encore?...

JULIE.

Mon père, grâce à notre ami, à notre protecteur, votre innocence va être prouvée.

COURRIOL, *à Didier.*

Vous croyez qu'on va acquérir la preuve de notre innocence?..

LESURQUES.

C'est mon père que je ne vois pas! où est-il?...

(*Pendant ce temps, Daubenton a donné un ordre, et les témoins sont introduits. Jérôme est entré silencieusement après les témoins, et s'adosse au chambranle de la cheminée, dans le pan coupé.*)

SCÈNE VII.

LES MÊMES, UN VIEILLARD, UNE JEUNE FILLE, UN GARÇON DE POSTE.

Groupes formés par Lesurques, Didier et sa fille.

LE VIEILLARD, *à Jeanne.*

M. Daubenton, juge de la section du Pont-Neuf.

(*Jeanne indique où est M. Daubenton; elle sort par le fond; l'agent est à la porte; les gendarmes sont au fond, dans l'antichambre.*)

DAUBENTON.

C'est moi.

LE VIEILLARD.

On nous a dit, Monsieur, que vous diniez chez des amis, et que vous désiriez nous parler, à ma nièce, à mon premier garçon et à moi; nous voici.

DAUBENTON.

Pardonnez-moi de vous recevoir ici, chez des amis, comme vous dites...

(Allant prendre une chaise et s'asseyant, ainsi que le vieillard, la jeune fille; le garçon est debout.

Mais vous êtes le maître de poste de Montgeron, et il paraît constant, d'après les recherches de la police, que les assassins du courrier de Lyon se sont arrêtés chez vous.

LE VIEILLARD.

On dit que oui, Monsieur, malheureusement.

CHOPPARD, *à part.*

Le courrier de Lyon!... Oh! qu'est-ce que c'est que cette société-là?...

COURRIOL, *à part.*

Encore un piége!...

LESURQUES, *avec joie.*

Ah! des témoins!...

DAUBENTON, *qui les a tous regardés.*

Vous aviez dit, je crois, que vous pourriez fournir des renseignements sur leur passage.

LE VIEILLARD.

Des renseignements précis... je les ai bien vus tous les quatre..

(Effroi de Choppard, de Courriol; Lesurques seul écoute avec intérêt.)

DAUBENTON.

Tous les quatre... et si vous les voyiez...

LE VIEILLARD.

Oh! je les reconnaîtrais, car j'ai fait, et l'on a fait chez moi plusieurs remarques à leur sujet.

CHOPPARD, *à part.*

Vieux filou!

COURRIOL, *à part.*

Je crois qu'il y faudra passer...

LESURQUES.

Des remarques!... oh! tant mieux!

DAUBENTON.

Dites-nous un peu ce que vous avez remarqué.

LE VIEILLARD.

D'abord, ils étaient à cheval tous quatre.

DAUBENTON.

Ah! ah!

LE GARÇON.

Sur des chevaux de louage. *(Effroi de Choppard.)*

DAUBENTON.

Ah ! vous croyez que c'étaient des chevaux de louage ?...

LE GARÇON.

C'est aisé à reconnaître, ils étaient assez maigres !...

CHOPPARD.

Jusqu'au feuffiau qu'éreinte ma marchandise !

COURRIOL.

L'amour propre du maquignon qui souffre !

DAUBENTON, *au vieillard*.

Et puis ?...

LE VIEILLARD.

Dis, ma nièce...

LA NIÈCE.

Et puis, j'ai versé à l'un d'eux, un pâle, un grand carafon d'absinthe, qu'il a bue !...

CHOPPARD.

Le péché mignon de Dubosc.

LE VIEILLARD, *au garçon*.

N'oublie pas cette brosse que tu prêtas au plus élégant des quatre pour ôter la poussière de son habit bleu clair.

COURRIOL.

Aïe !...

CHOPPARD.

Attrape, Courriol ! il lui faut des brosses au muscadin...

DAUBENTON.

Est-ce que c'est tout ?...

LE VIEILLARD.

Ah ! non... Il y a une particularité plus curieuse, et que je n'ai contée à personne encore, je la réservais pour la justice.

DAUBENTON.

Eh bien, contez-nous-la... c'est extrêmement intéressant tout cela.

LESURQUES.

Ecoutons, mes enfants !...

JULIE, DIDIER.

Tout cela va sauver notre père !...

COURRIOL.

Ils trouvent cela intéressant, eux !... (*Il se cache le plus possible.*)

LE VIEILLARD.

L'un d'eux, répétait toujours en frappant avec un fouet sur la table : Nom d'un tonnerre ! mes chevaux seront poussifs !...

CHOPPARD.

Qué commère !

DAUBENTON.

Le reconnaîtriez-vous, celui-là ?...

LE VIEILLARD.

Il me semble que je le vois. (*Choppard se recule.*) Quand les quatre cavaliers furent partis de chez moi, nous nous aperçumes que l'un d'eux avait oublié son fouet. C'était celui dont je vous parle ; je voulus faire courir après lui... il avait disparu... Mais une demi-heure plus tard, il revint redemander ce fouet perdu ..Ce fut moi qui le lui rendis. Il le prit si rudement de mes mains que la pomme de cuivre se décolla et tomba par terre.

DAUBENTON.

Il la ramassa, sans doute?...

LE VIEILLARD.

Ah ! bien oui, il était trop pressé... il ne s'en aperçut même pas. En rentrant dans ma salle, ce fut moi qui donnai du pied dedans... Cela brillait ; je le ramassai. Je l'aurais jeté peut-être si je n'avais vu deux lettres gravées dessus.

DAUBENTON.

Deux lettres !...

LE VIEILLARD.

Un P et un C.

DAUBENTON.

Vous êtes sûr !...

LE VIEILLARD, *la donnant à Daubenton.*

Voyez... la voici.

DAUBENTON.

Venez donc voir, monsieur Pierre Choppard.

CHOPPARD, *effaré.*

Monsieur ?

DAUBENTON.

Approchez ! approchez !

LE VIEILLARD, *le reconnaissant.*

Grand Dieu ! c'est lui !...

LESURQUES.

Lui ! ..

LA NIÈCE, *reconnaissant Lesurques.*

L'homme à l'absinthe !

JULIE.

Oh ! mon Dieu ! mon Dieu !

LE GARÇON, *montrant Courriol.*

Le muscadin, l'incroyable ! (*effroi général.*)

LE VIEILLARD.

Monsieur !... Monsieur, où sommes-nous ici ?...

DAUBENTON.

Soyez tranquilles ! et procédons par ordre. Vous voyez ces trois hommes ; êtes-vous bien sûrs de les reconnaître ?

TOUS.

Oh ! sur mon salut éternel !

DAUBENTON.

Celui-ci est l'homme au fouet perdu... Celui-ci qui parlait de ses chevaux poussifs, celui à qui cette pomme de cuivre appartenait.

LE VIEILLARD, *étendant la main.*

Oui !

LES AUTRES, *même jeu.*

Oui !

CHOPPARD.

Allons donc! Parce qu'il y a un C gravé dessus... Suis-je le seul homme en France dont le nom commence par un C?

DAUBENTON, *fait un signe à l'agent qui lui donne le fouet.*

Regardez si la pomme de cuivre ne va pas bien à ce fouet sans pomme qu'on a trouvé tantôt chez votre femme.

CHOPPARD.

Eh bien! après... Il y en a dix encore de fouets chez ma femme... les a-t-on trouvés aussi, puisque vos mouches y ont fouillé?...

DAUBENTON, *prenant des mains de l'agent deux traites.*

Non, mais on y a trouvé autre chose...

CHOPPARD.

Quoi donc?...

DAUBENTON.

Ces deux traites de cinq cents livres chacune, sur la Banque, nos 159 et 180, qui ont été volées dans le portefeuille du courrier de Lyon... Oh! je vous guettais depuis longtemps, Choppard...

CHOPPARD.

Fumé!...

DAUBENTON, *à Choppard.*

Vous allez être conduit en prison. Avez-vous des aveux à nous faire?

CHOPPARD, *à Daubenton.*

Des aveux, à vous? C'est du luxe!

LESURQUES.

Messieurs, au nom du ciel, avouez du moins que je n'étais pas avec vous! Monsieur, avouez que je n'étais pas à Montgeron! avouez que vous ne me connaissez pas!

CHOPPARD, *à Lesurques.*

A quoi cela vous servirait-il?... Est-ce qu'on me croirait?... Allez... allez... faut laisser dire les mauvaises langues!...

LESURQUES, *à Choppard.*

Mais vous savez bien que je suis innocent. Qu'est-ce que je vous ai fait?... Dites donc que je suis innocent!

CHOPPARD.

Puisque tout le monde vous reconnaît, mon petit bourgeois...

LESURQUES.

C'est une erreur infâme! c'est une fatalité que je ne comprends pas!... (*A Choppard et à Courriol.*) Mais vous savez tous les deux, dans votre conscience, vous savez que je n'étais pas avec vous. Monsieur, si vous croyez en Dieu... Courriol... s'il vous reste un sentiment humain... dites que je n'étais pas avec vous!

COURRIOL, *à Lesurques.*

Mais, mon cher, je ne dis que cela!... Je me tue à le dire... Non, vous n'étiez pas avec moi, ni moi avec vous. Nous sommes innocents tous les deux!...

CHOPPARD.

Ils ne veulent pas le croire, ces tyrans-là...

LESURQUES, *à Didier et Julie qu'il serre dans ses bras.*

Mais je suis perdu, mon Dieu ! mais je suis perdu !

CHOPPARD.

Oui. Mais Dubosc est sauvé... C'est doux de faire le bien... (*Choppard et Courriol remontent au fond.*)

LESURQUES, *au vieillard.*

Monsieur, voyons ! il est impossible que vous soyez mon ennemi, il est impossible que vous me confondiez avec un autre !... J'ai l'âme, j'ai le visage et l'œil d'un honnête homme, regardez-moi ; vous aussi, Mademoiselle ; toi aussi, regardez bien !... Je vous ai parlé, moi !... J'ai été boire de l'absinthe chez vous, moi !... moi, j'ai ri, joué au billard en compagnie de ces hommes, moi ! Mais regardez-moi, regardez-moi donc, vous dis-je... Est-ce qu'il n'y a pas dans mes veines un sang qui bouillonne et vous crie que je ne mens pas ?... est-ce qu'il ne s'échappe pas de mon regard une étincelle qui vous dit que je ne mens pas ?... est-ce qu'il ne jaillit pas de mon âme un accent qui vous convainc que je ne mens pas ?... (*Au vieillard.*) Parlez, Monsieur. (*Passade du vieillard.*) Un mot, Mademoiselle ! (*Au garçon.*) Toi, mon ami... pour mes enfants qui sont là... pour mon père qui m'écoute, dites que vous vous êtes trompés... dites que vous ne me connaissez pas !... dis que tu hésites... je vous en supplie !... (*S'agenouillant.*) A deux genoux ! à mains jointes !... (*Ils s'éloignent de Lesurques.*) Vous ne dites rien ! (*Se relevant.*) Mon Dieu ! mon Dieu ! je deviens fou !... (*Il tombe anéanti sur un fauteuil.*)

DAUBENTON.

Cet homme est un monstre ou un martyr... Mais non, le doute n'est plus permis !... (*A un brigadier.*) Emmenez les témoins chez moi, où je recevrai leur déposition. Et que l'on reconduise les accusés à la Force, séparément... Choppard, d'abord, puis Courriol. (*Choppard et Courriol sont emmenés par la gendarmerie. A Didier, voyant Julie prête à se trouver mal.*) Emmenez-la, Didier. (*Didier emmène Julie, qui peut à peine se tenir.*)

LESURQUES, *voyant partir sa fille:*

Ma fille !... mon enfant !...

JULIE, *se détournant.*

Oh !... (*Elle faiblit.*)

LESURQUES.

Elle s'éloigne ! .. Ma fille ne m'a pas embrassé !... (*Se détournant vers Jérôme.*) Mon père !... vous, du moins !...

JÉROME, *à Daubenton.*

Permettez-vous, Monsieur, que je dise un mot à mon fils... un seul... un dernier mot ?...

DAUBENTON, *à Jérôme.*

Dans dix minutes, on va venir chercher Lesurques pour le

ramener en prison... Vous avez dix minutes. (*Au brigadier.*) Laissez-les seuls, mais veillez au dehors. (*A Lesurques.*) J'ai fait mon devoir d'ami et d'honnête homme... Désormais, vous ne trouverez plus en moi que le magistrat!... Adieu. (*Il sort.*)

SCÈNE VIII.

JÉROME, LESURQUES.

LESURQUES.

Vous seul, mon Dieu, vous savez ce que j'ai fait pour mériter le châtiment dont vous me frappez! Mon Dieu! parfois l'homme heureux vous oublie, hélas! que votre main est pesante à courber sous votre souvenir ceux qui vous avaient oublié!... Ma fille a détourné ses regards de moi!... ma fille me croit coupable!...

JÉROME, *allant à son fils.*

Nous n'avons pas de temps à perdre, écoutez-moi!...

LESURQUES, *avec joie.*

Ah! mon père me reste! mon père ne doutera pas de moi!...

JÉROME.

Gardez ces déclamations pour ceux qui ont un témoignage ou un arrêt à prononcer contre vous, avec moi l'hypocrisie est inutile.

LESURQUES.

L'hypocrisie!...

JÉROME.

Oui, je ne suis ni un juré, ni un juge, ni un pilier de tribunal, moi... Personne n'est là pour vous entendre... vous savez bien que de vous à moi les belles phrases sont perdues.

LESURQUES.

Je ne vous comprends pas!...

JÉROME.

Laissez donc!... Est-ce que vous avez peur que j'aille me joindre à tous ces gens qui vous reconnaissent et qui proclament votre crime? est-ce qu'un père, le malheureux père d'un misérable tel que vous, s'en va crier : Mon fils est un assassin?...

LESURQUES.

Mais, vous êtes pour moi plus cruel, plus acharné que tout le monde... vous, mon père!... Vous m'outragez comme n'a pas osé le faire un seul des étrangers qu'on a entendus!...

JÉROME.

C'est qu'ils ne vous ont vu que sur une route, galopant à cheval, ou assis tranquillement à une table, le verre en main, au lieu de vous voir menaçant, ivre, sanglant, le poignard d'une main, le pistolet de l'autre...

LESURQUES.

Moi!...

JÉROME.

C'est qu'ils ne vous ont pas surpris courbé sur une de vos victimes, haletant, rugissant, altéré de meurtre, altéré d'or, arrachant à un cadavre le dernier lambeau de sa dépouille et de sa vie !

LESURQUES.

Moi !...

JÉROME.

C'est que pas un de ces témoins n'est votre père, votre père qui accourait aux cris des malheureux égorgés... C'est que pas un de ces témoins ne vous à saisi comme je l'ai fait, croyant saisir un malfaiteur ; c'est que pas un de ces témoins, n'a reçu votre dernier coup de pistolet dans l'épaule comme moi, qui vous ai vu à la fois voleur, assassin, parricide !...

LESURQUES.

Moi ! moi !.. moi !...

JÉROME, *avec force.*

Je t'ai vu !

LESURQUES, *abattu.*

Mon père, c'est du délire, mon père rappelez votre raison... Que d'autres le supposent, ils ne me connaissent pas ! mais... prenez garde à ce que vous dites là, mon père... on vous croirait, mon Dieu ! on vous croirait!.. Moi sur une grande route les armes à la main ... moi l'auteur d'un lâche guet-à-pens !..

JÉROME.

Je t'ai vu !...

LESURQUES, *hors de lui et indigné.*

Après trente ans d'une probité qui ne s'est jamais démentie, quand je n'ai pas une tache sur ma vie, quand je suis riche d'une fortune acquise noblement, quand ce vol, quand ce meurtre infâme ne pouvait rien ajouter à ma richesse, j'aurais été tremper mes mains dans le sang; j'aurais, surpris par vous, soutenu vos regards; j'aurais levé sur vous une arme, j'aurais voulu tuer mon père à qui je portais la vie et l'honneur ! Vous voyez bien que c'est impossible, vous voyez bien que je suis innocent !

JÉROME.

Je t'ai vu ! Et maintenant assez de mensonge, assez de faiblesse ! tout le temps de l'instruction, j'ai refusé de répondre aux juges, j'ai laissé planer des soupçons sur moi ; jai souffert qu'on me crût votre complice, on a été sur le point de m'arrêter... je n'ai rien dit, j'ai laissé dire, tout le monde vous a reconnu, votre crime est avéré, certain, irrécusable !... Tout à l'heure Daubenton à voulu tenter une dernière épreuve, ce pauvre honnête homme, il doutait encore, lui !.. moi je ne pouvais pas douter; n'importe, me suis-je dit... s'il arrivait que Dieu prît pitié de mon honneur et de celui de ma famille, s'il arrivait que ce criminel échappât aux lois, ma petite fille et moi, nous serions sauvés ; mon nom resterait pur ! Je suis venu ici comme vous avez pu voir, j'ai écouté, j'ai entendu les nouveaux témoins: ils ont prononcé votre arrêt!..

LESURQUES.

Mon Dieu ! mon Dieu !...

JÉROME.

L'infamie du crime, l'infamie du jugement, des hommes, vous les avez infligées à votre père et à sa famille ; rien ne vous lavera désormais... (*Une demi-heure sonne.*) Il en reste une que vous pouvez nous épargner... l'infamie de l'échafaud...

LESURQUES.

L'échafaud !...

JÉROME, *de plus en plus abattu.*

Ne m'interrompez pas, nous n'avons plus que trois minutes. Je ne veux pas qu'un Lesurques meure sur l'échafaud. Je ne le veux pas... vous m'entendez ?... Tenez... (*Il lui donne un pistolet.*)

LESURQUES, *regardant le pistolet.*

Oh ! mon père !...

JÉROME.

Prends donc, hésites-tu parce que ce n'est pas le même pistolet qui t'a servi à me briser l'épaule !

LESURQUES, *saisissant le pistolet.*

Eh bien ! soit ! la mort : aussi bien ce n'est pas vivre, que de souffrir comme je souffre !... Adieu, mon père, mon bon père !.. (*Il embrasse la main de son père et fait un pas pour sortir.*)

JÉROME, *fausse sortie.*

Adieu !...

LESURQUES *jetant le pistolet.*

Mais non !... Non !... Je ne mourrai pas !... je ne peux pas mourir !

JÉROME, *allant à lui.*

Tu ne le peux pas, malheureux!..

LESURQUES, *avec force.*

Non, parce que ma mort, quand tout m'accuse, serait l'aveu d'un crime et que je n'ai pas commis de crime... parce que mon honneur c'est celui de ma fille et le vôtre et que je dois employer ma vie à le défendre... Oh ! vos regards ne me font pas peur... je ne mourrai pas avant d'être justifié !...

JÉROME.

Mais tu préfères donc l'échafaud?

LESURQUES.

Qu'importe, si j'y monte innocent !

JÉROME.

Mais moi... je sais que tu es coupable...

LESURQUES.

Répétez-moi ces paroles quand mes juges m'auront absous, et rendez-moi alors ce pistolet; vous verrez si je tiens à la vie ...

JÉROME, *hors de lui.*

Tu as peur !... tu as peur !...

LESURQUES, *avec force.*

J'avais seize ans, mon père, quand mon régiment marcha aux anglais, vingt hommes furent tués autour de moi; mon cœur battit moins vite qu'en ce moment.

JÉROME.

Je te dis que tu refuses parce que tu es un lâche...

LESURQUES.

Ne m'insultez pas plus, mon père... j'ai pris mon parti !.....

JÉROME.

Lâche ! lâche ! lâche !

LESURQUES, *les larmes aux yeux.*

Quand vous m'avez appelé voleur, assassin, parricide, vous avez épuisé toute la colère de mon cœur...

JÉROME, *avec force.*

Tu ne veux pas ramasser ce pistolet !

LESURQUES, *même jeu.*

Non !

JÉROME.

Tu ne veux pas mourir de ta main ?

LESURQUES.

Non !

JÉROME.

Eh bien ! tu mourras de la mienne, ce sera toujours un Lesurques qui aura vengé l'honneur de sa famille...

(*Il ramasse le pistolet et va pour ajuster son fils ; entre Jeanne qui lui prend le pistolet des mains.*)

SCÈNE IX.

JEANNE, *puis des* GENDARMES.

JEANNE, *criant, après avoir désarmé Jérôme.*

Au secours ! au secours !...

LE BRIGADIER, *entrant.*

Qu'y a-t-il... (*A Jérôme.*) Ah! Monsieur.. (*Il lui ôte le pistolet des mains.*)

LESURQUES, *à Jeanne.*

Jeanne ! Jeanne ! empêche que Julie ne voie cet affreux spectacle.

JEANNE, *sort en courant.*

Oh ! oui, j'y vais, j'y vais...

LE BRIGADIER, *à Lesurques.*

Monsieur, descendez, on vous attend...

LESURQUES, *à son père.*

Un mot du moins, mon père, ne me laissez point partir désespéré !...

JÉROME, *bas.*

Tu m'as assassiné ! tu vas me déshonorer!... sois maudit !... maudit !...

LESURQUES, *aux genoux de son père.*

Mon père !

JÉROME, *en larmes.*

Sois maudit !... (*Il s'élance vers la gauche.*)

LESURQUES, *égaré.*

Ah ! c'est trop ! Mon Dieu !... mon Dieu ! c'est trop !...

LE BRIGADIER.

Venez, Monsieur !... (*Lesurques se dirige vers la porte, le rideau tombe.*)

FIN DU 3e ACTE ET DU 4e TABLEAU.

ACTE IV.

CINQUIÈME TABLEAU.

Un boudoir dans la maison de Lesurques, rez-de-chaussée. — Au fond fenêtre donnant sur le jardin ; secrétaire à pan coupé à gauche et un guéridon, une chandelle allumée ; à droite pan coupé, un canapé, une chaise près du canapé et un petit guéridon à l'autre bout du canapé, deux portes latérales; encre, papier et plumes dans le secrétaire. — La fenêtre du fond est ouverte au lever du rideau.

SCÈNE PREMIÈRE.

JEANNE, *travaillant*, JULIE, JÉROME.

(*Julie s'est endormie près de Jérôme, qui lui tient une main dans les siennes.*)

JÉROME, *à Jeanne.*

Fermez la fenêtre du jardin. (*Jeanne se lève, va fermer la fenêtre et se rasseoit.*) Le froid vient, ce rez-de-chaussée est humide... Et Didier qui ne revient pas ! aucune nouvelle !

JEANNE, *assise près du guéridon, à gauche.*

Oh ! Monsieur, ne réveillez pas cette pauvre demoiselle... il y a si longtemps qu'elle n'a dormi !

JÉROME.

Hélas !... ne vaudrait-il pas mieux qu'elle ne se réveillât jamais... A quelle heure a commencé la délibération du jury ?...

JEANNE.

Ce soir, à quatre heures, Monsieur. (*Huit heures sonnent.*)

JÉROME, *se levant.*

Je n'y puis tenir... on doit savoir quelque chose. Oh ! oui, Didier sait quelque chose. C'est peut-être pour cela qu'il ne revient pas !..

JEANNE.

Monsieur ! Monsieur !... vous savez bien que M. Didier est comme un fou !... qu'il cherche toujours, qu'il espère toujours !...

JÉROME.

Je vais jusque chez M. Daubenton : vous n'avez pas besoin

de moi ici... J'aime mieux rester au palais, oui, sur un banc, dans un coin obscur, derrière un pilier. Je serai tout près au moins, je saurai le premier... ce qu'on nous cache peut-être !... (*Fausse sortie.*)

JEANNE, *à Jérôme.*

Mais, que dirai-je à Mademoiselle ?...

JÉROME.

Ce que vous voudrez... ce que je vous ai dit... la vérité... adieu... Quand vous me reverrez, notre sort sera fixé. (*Il baise Julie au front.*) Adieu. (*Il sort à droite.*)

SCÈNE II.

JEANNE, JULIE, *endormie.*

JEANNE.

Et je puis vivre à côté de ce malheureux père qui soupçonne son fils... à côté de cette enfant qui rêve peut-être de son père, moi qui n'ai qu'un mot à dire, pour... Oh ! non, je ne garderai pas plus longtemps ce secret qui me tue... Entre cet honnête homme qu'on accuse et le misérable que je connais... dois-je hésiter un moment !... Moi seule, je devine que M. Lesurques peut n'être pas coupable!... cette fatale ressemblance aura tout fait... Et je laisserais condamner l'innocent !... j'achèterais mon honneur, l'honneur de mon enfant au prix du sang de mon bienfaiteur... Non! non!... Dieu m'est témoin qu'avant d'accuser le vrai coupable, j'ai longtemps, trop longtemps attendu... J'espérais que la Providence révèlerait elle-même le secret... qu'elle-même se chargerait de punir l'infâme Dubosc, en m'épargnant l'horreur d'une dénonciation. (*Jeanne va au secrétaire, prend du papier, et écrit sur le guéridon de gauche.*) Mais, puisqu'il n'en est rien, puisque, dans quelques heures, la justice des hommes va peut-être frapper l'innocent et renvoyer impuni le criminel, c'est moi, moi qui, au prix de mon honneur, révèlerai toute la vérité ! Cette lettre, à M. Daubenton, instruira les jurés de leur fatale erreur.

SCÈNE III.

LES MÊMES, DIDIER.

DIDIER, *appelant au dehors.*

Julie !... Julie !

JEANNE.

Monsieur Didier ! (*Elle cache sa lettre et va ouvrir.*)

JULIE, *se réveillant.*

Qu'y a-t-il ?...

DIDIER, *entrant de droite.*

Ah ! Julie !... mon Dieu !...

JULIE.

Eh bien, quoi ?...

DIDIER.

Ah ! Julie !... laissez-moi respirer.

JULIE.

Mais, qu'avez-vous ?...

JEANNE, *donnant une chaise à Didier.*

Asseyez-vous, vous êtes tout pâle.

DIDIER, *assis.*

Préparez-vous, chère amie...

JULIE.

A un malheur !...

DIDIER.

A un bonheur !... oh ! un grand bonheur !...

JULIE, *avec joie.*

Mon père est acquitté ?

DIDIER.

Pas encore ! mais, il va l'être !

JEANNE.

Acquitté !...

JULIE.

Oh ! prenez garde, Didier, ne me parlez pas ainsi : prenez garde, si vous vous trompiez !... après une joie pareille, voyez-vous, j'en mourrais.

DIDIER.

Je ne me trompe pas !... il va être acquitté, vous dis-je, parce qu'il va être reconnu innocent.

JEANNE.

Innocent !

JULIE.

Innocent !... Oh ! soyez béni pour le bien que vous me faites !... Mais, la preuve...

DIDIER.

Ecoutez : vous savez si j'ai toujours soutenu que votre père n'était pas coupable, vous savez quel serment j'ai fait de le sauver à tout prix ! Eh bien, tandis que Lesurques cherchait vainement à prouver que, le 8 floréal, il était rentré dans Paris à sept heures... tandis qu'il suppliait Choppard d'en fournir la preuve, et que ce scélérat s'y refusait toujours, j'ai couru chez la femme de Choppard qui, en ce moment, ruinée, perdue, à moitié folle depuis l'emprisonnement de son mari, a peur d'être compromise avec lui et raconte à tout le monde qu'il est un scélérat et qu'elle le croit coupable. (*Jeanne va vers Julie.*) J'avais remarqué que lors de la visite domiciliaire ordonnée chez elle... un registre avait disparu... celui des entrées et des sorties des chevaux qu'on loue. Ce registre doit contenir, me dis-je, l'heure à laquelle chaque cheval revient ; et ce livre, ce témoignage tant de fois invoqué par votre père, il faut que je le retrouve.

JULIE.

Ah !... Didier !...

DIDIER.

J'étais donc allé dix fois chez la femme Choppard, lui demandant toujours ce livre ; elle m'avait toujours refusé... Ce soir, j'y suis retourné encore... Voici cinq mille livres, lui dis-je!... donnez-moi ce registre. Je ne l'ai pas, répondit-elle!... Qu'en avez-vous fait?... Il s'est égaré!... Voici dix mille livres, retrouvez-le... Impossible! dit-elle en regardant l'argent... je l'aurai brûlé!...

JULIE.

Mon Dieu!

DIDIER.

Attendez! il m'avait semblé surprendre dans ses yeux, un éclair de convoitise!... Faites attention, lui dis-je, que votre mari est reconnu coupable... que l'absence de votre livre ne peut le justifier... tandis qu'elle fait tomber la tête d'un innocent! Songez aussi qu'en retenant ce livre, vous devenez complice du crime de Choppard, et que si on le retrouvait chez vous vous seriez perdue!... Elle fit un mouvement. (*Didier se lève et parle comme si la femme Choppard était là.*) Vous avez ce livre, m'écriai-je!... Je sais bien que vous chercherez à le détruire, mais je ne vous quitte plus!.. Je vais faire fouiller de la cave aux combles!... Elle se troubla. (*Mouvement d'inquiétude de Julie et de Jeanne.*) Eh bien! ajoutai-je, ce n'est plus dix mille livres, c'est vingt mille que je vous offre... Les voici dans ce porte feuille, donnez-moi le registre... le portefeuille est à vous!

JULIE.

Oh!... oh!...

DIDIER.

Elle se leva, elle compta les billets, (*Jeanne vient prendre la chaise sur laquelle était assis Didier et la remet près du guéridon à gauche*) brisa d'un coup de pied la chaise de crin sur laquelle elle était assise, et en tira le registre... le voici! (*Il tire de son sein un registre et le donne à Julie.*)

JULIE, *l'ouvrant.*

Bonté du ciel, et sur ce registre?...

DIDIER, *fesant passer Julie près du guéridon.*

Lisez, Julie!... Huit floréal... le Souffleur, loué à M. Lesurques, trente sous l'heure... Parti à quatre heures, rentré à sept heures et demie... reçu cinq francs... signé femme Choppard!... Or, le courrier de Lyon n'est passé à Lieursaint qu'à huit heures et demie... Il était neuf heures moins un quart quand le crime s'est commis... L'assassin ne pouvait être de retour avant dix heures, et votre père était à Paris à sept heures et demie!... Il est sauvé!...

JULIE, *avec émotion.*

Bl est sauvé!

JEANNE, *émue.*

Oh! mon Dieu! mon Dieu! je te remercie!

DIDIER.

Il n'y a pas un moment à perdre!

JULIE.

Nous allons porter ce registre à M. Daubenton. (*Ils vont pour sortir.*)

DIDIER, *s'arrêtant.*

Ah!... donnez-moi les pistolets de votre père, Julie !

JULIE, *avec effroi.*

Pourquoi faire?...

DIDIER.

Il m'a semblé, en venant ici, que j'étais suivi !

JULIE, *ramenant Didier en scène.*

Suivi!...

DIDIER.

Au moment où je sortais de chez la femme Choppard, un homme y entrait... une mauvaise figure... un autre, attendait je crois dans la rue; j'ai couru, et il me semble qu'un moment après, j'ai entendu courir derrière moi. Je ne veux donc pas sortir la nuit sans armes, avec ce registre !...

JULIE.

Mon Dieu, que craignez-vous?

DIDIER.

Qui sait? il faut tout prévoir !... une rixe, une rencontre d'ivrognes. Ce livre est précieux, voyez-vous! le perdre, c'est perdre la vie de votre père !...

JULIE, *allant au secrétaire.*

Vous avez raison...

DIDIER.

Mais non, tenez, j'y pense, partons tous deux ensemble en voiture... on n'attaque pas un fiacre... dans Paris, à huit heures et demie, comme une malle-poste sur la route de Lieursaint... Vite, Julie, habillez-vous tandis que je vais aller chercher un fiacre.

JEANNE.

Permettez, M. Didier, je cours.

DIDIER.

Non, restez, Julie a besoin de vous !

JULIE, *à Didier.*

Oui, allez, mon ami... Ah ! Didier ! comment payer tant de dévouement !

DIDIER, *lui baisant la main.*

Avec votre amour!... Julie... dans dix minutes.

JULIE, *sortant pour aller chez elle, porte à gauche.*

Dans dix minutes !...

JEANNE, *à Didier, prenant le flambeau.*

Attendez, Monsieur, que je vous éclaire!...

DIDIER.

Bien, bien... merci. (*Il sort à droite.*)

SCÈNE IV.

JEANNE, *seule, pose le flambeau sur le guéridon de gauche.*

Allons, la Providence que j'accusais sauve l'innocent et m'épargne la douleur de dénoncer le coupable !... Ce misérable est le père de mon enfant !... S'il est perdu, que ce ne soit pas par moi ! (*Elle brûle la lettre qu'elle avait écrite.*)

JULIE, *au dehors.*

Jeanne, Jeanne !

JEANNE.

Me voilà, Mademoiselle, me voilà !... (*Elle passe chez Julie avec le flambeau.*)

SCÈNE V.

DUBOSC, FOUINARD.

FOUINARD, *qui a taillé la vitre, ouvre la fenêtre et s'assure qu'il n'y a personne, retournant au balcon et appelant.*

Allons, vite ! Dubosc, vite !

DUBOSC, *paraissant sur le balcon.*

Il n'y a plus personne ?...

FOUINARD.

Non !

DUBOSC, *entrant.*

Qui donc était là ?...

FOUINARD.

Deux femmes qui jabotaient avec le monsieur. Allons ! (*Il va pour sortir.*)

DUBOSC.

Où vas-tu, toi ?...

FOUINARD, *sur le balcon, à voix basse.*

Je fais le guet en bas !...

DUBOSC, *le rappelant.*

Toujours brave ! Tu es sûr qu'il n'a pas emporté le livre, ton monsieur ?

FOUINARD, *revenant.*

Non, puisque je le lui ai vu mettre là ! (*Il lui indique le secrétaire.*)

DUBOSC, *allant au secrétaire.*

C'est vrai... le voici...

FOUINARD, *sur le balcon.*

Vois-tu clair ?...

DUBOSC.

Assez... (*Il lit.*) Lesurques, le Souffleur rentré à sept heures et demie, 8 floréal... Prends garde, je vais t'en donner du floréal !... (*Il tire un couteau de sa poche et se met à gratter l'écriture.*)

FOUINARD.

Prends le livre, c'est plus tôt fait.

DUBOSC.

Imbécile !... pour qu'en revenant il ne trouve plus son livre de vingt mille francs, et qu'il braille au voleur...

FOUINARD.

Ah !... c'est vrai, mais viens, viens, tu me fais peur !...

DUBOSC.

Tu es charmant, toi ! J'ai là un bourgeois qui est en train de payer pour moi ma dette à la justice, et tu veux que je lui laisse un moyen de faire banqueroute!

FOUINARD.

Mais on va venir!...

DUBOSC.

Bah!... Là... voilà 20,000 francs de perdus. (*Il referme le livre, voix dans la coulisse.*)

FOUINARD.

Quelqu'un... viens!...

DUBOSC.

C'est vrai! filons!... (*Au moment où il va repasser par la fenêtre, il entend du bruit à gauche.*) Diable! (*Il se cache derrrière le guéridon à gauche.*)

SCÈNE VI.

Jour à la rampe, JULIE, JEANNE, *rentre avec le flambeau.*

JULIE.

Il me semble que j'ai entendu le fiacre!

JEANNE.

Oui, Mademoiselle!...

JULIE.

Descendons vite!... Ah! le livre!... (*Elle prend le livre qui est dans le secrétaire, et le baise.*) Oh! trésor, va!...

JEANNE.

Voilà, monsieur Didier, voilà!... Passez, Mademoiselle!... (*Elle sort à droite. Nuit.*)

SCÈNE VII.

DUBOSC, *seul.*

Trente-deux mille et les vingt mille de la Choppard, ça ferait cinquante-deux mille, ma foi! J'épouserai la Choppard, quand elle sera veuve!...

SCÈNE VIII.

DUBOSC, JEANNE.

Au moment où il traverse, la porte s'ouvre; Jeanne paraît, une bougie à la main. Jour.

JEANNE, *rentre de droite.*

Un homme ici!

DUBOSC.

Jeanne!...

JEANNE.

Dubosc!... Ah!...

DUBOSC.

Jeanne dans cette maison!... (*Il veut fuir par la fenêtre.*)

JEANNE.

Ah! scélérat!... n'ouvre pas ou je crie!...

DUBOSC, *allant à Jeanne et indiquant la porte.*

Alors, par ici, gare que je passe!... (*La chandelle s'éteint. Nuit.*)

JEANNE.

Moi te laisser passer, quand tu peux rendre l'honneur et la vie à une famille tout entière !... jamais ! jamais !... (*Elle ferme la porte et en retire la clé.*)

DUBOSC.

Pas de plaisanterie ! tu me connais !... je n'ai pas envie de régler ici nos comptes de ménage.

JEANNE.

C'est toi, misérable !..... qui as assassiné le courrier de Lyon...

DUBOSC.

Eh bien ! raison de plus pour que je me sauve !

JEANNE.

Tu ne sortiras pas comme tu es entré... la mesure de tes crimes est comblée ... paie aujourd'hui, paie pour ton passé !...

DUBOSC, *indiquant la porte de droite.*

Allons, ouvre moi c'te porte !...

JEANNE, *avec résolution.*

Oh ! tu ne sortiras pas !

(*Dubosc, fait un mouvement pour sortir.*)

JEANNE, *se mettant devant la porte.*

Tu ne sortiras pas ! Veux-tu t'avouer coupable, veux-tu t'aller livrer à la justice ?...

DUBOSC.

Ah bien ! elle est bonne celle-là !

JEANNE.

Veux-tu faire mettre en liberté, l'innocent, veux-tu reconnaître qu'il y a un Dieu vengeur ?...

DUBOSC.

Adieu, Jeanne !... (*Il va vers la fenêtre.*)

JEANNE, *le saisissant.*

Oh ! je te tiens, tu ne m'échapperas pas !...

DUBOSC.

Lâche-moi !...

JEANNE.

Rends-toi prisonnier ou je crie au voleur !

DUBOSC.

Lâche-moi !

JEANNE.

Au voleur ! au feu ! (*Jeanne le lâche et court vers la fenêtre qu'elle ouvre.*)

DUBOSC.

Ah ! tu cries... (*Il la baillonne avec sa main.*)

JEANNE, *hurlant.*

Ah !...

DUBOSC.

Tais-toi... je t'enrichirai... tais-toi... je te ferai ma femme... tais-toi !...

JEANNE, *se dégage de Dubosc, et court à la fenêtre crier.*

Au secours !... au secours !...

DUBOSC, *la saisissant.*

Tu le veux !..

JEANNE.

A l'assassin !...

DUBOSC.

Tiens...

(*Il la renverse d'un coup de couteau, et, s'échappant en lui prenant la clé qu'elle laisse tomber de sa main, il sort à droite.*)

JEANNE.

Ah !.. ma bienfaitrice, nous sommes quittes !... (*Elle tombe.*)

FIN DU 5e TABLEAU.

SIXIÈME TABLEAU.

Une salle attenant au cabinet de délibération de la cour d'Assises. — Porte au fond, portes latérales, deux chaises au fond, une chaise à gauche, premier plan, un banc de bois à droite premier plan. — Le fond ouvert doit représenter le tribunal ; le président n'est pas vu du public, les trois escabeaux sont vus, ainsi que les gendarmes, au moment de la lecture du jugement.

SCÈNE PREMIÈRE.

DAUBENTON, UN GREFFIER.

DAUBENTON, *entre de gauche, au greffier qui traverse.*

Monsieur le greffier, donnez-moi encore à lire les pièces qui ont été soumises au Jury... (*Le greffier lui donne des papiers.*) Celles-ci au tribunal... Quelle heure est-il ?

LE GREFFIER.

Neuf heures, Monsieur !

DAUBENTON.

Avez-vous entendu dire quelque chose ?... la délibération paraît-elle devoir être longue ?...

LE GREFFIER.

Non, Monsieur !... le Jury semblait être bien convaincu.

DAUBENTON.

Et les accusés ?...

LE GREFFIER.

On dit que l'un d'eux a manqué d'air dans la petite geôle, et s'est évanoui !

DAUBENTON.

Lesurques, peut-être ?

LE GREFFIER.

Non, Monsieur !... l'accusé Lesurques conserve toute sa fermeté, toute sa force. C'est l'accusé Courriol, qui s'est trouvé mal...

DAUBENTON.

Pas d'inutile cruauté. Si les accusés souffrent du manque

d'air dans cette geôle, faites-les conduire autre part... ici-même !... avec les précautions d'usage... Vous savez qu'ici comme là-bas, ils seront à portée de paraître au premier appel du tribunal.

LE GREFFIER.

Bien, Monsieur !

(Il va pour sortir à gauche et voit Jérôme qui veut entrer malgré la sentinelle; il lui parle.)

SCÈNE II.

LES MÊMES, JÉROME.

JÉROME, *au greffier.*

Monsieur, au nom du ciel, permettez-moi de parler à M. Daubenton.

LE GREFFIER, *à Jérôme.*

Impossible en ce moment, éloignez-vous !

DAUBENTON, *entendant du bruit.*

Qu'est-ce donc?...

JÉROME, *à la porte de gauche.*

Monsieur Daubenton !... monsieur Daubenton ! C'est moi, Jérôme...

DAUBENTON, *allant à Jérôme.*

Ah ! venez ! venez !... (*Le greffier sort à droite.*)

JÉROME, *à Daubenton.*

Merci !... J'attendais là dans le couloir depuis une heure, j'espérais vous voir passer. Vous n'avez rien à me dire?

DAUBENTON.

Rien de bon. Cependant il a été bien défendu.

JÉROME.

Oui, son avocat a bien parlé, mais à quoi sert le talent, sans la conviction !...

DAUBENTON.

Tenez, il faut que je vous dise ce que j'ai sur le cœur... Moi, je suis le juge de Lesurques, je n'ai plus le droit d'être son ami; pourtant quand je m'interroge, quand je descends au fond de moi-même, je me trouve moins résigné que vous ne l'êtes ; en présence de son malheur, j'ai plus de compassion pour celui qu'on va condamner, que vous n'en avez, vous ! qui êtes son père !...

JÉROME.

Monsieur Daubenton, ne jugez pas sur les apparences !...

DAUBENTON.

Pendant les débats, vous eussiez pu l'assister, le consoler... vous eussiez pu le défendre. En vous voyant près de lui, les jurés et les juges se seraient émus ; vous l'avez abandonné, vous avez eu peur de la honte. C'est mal, monsieur Jérôme, c'est mal...

JÉROME.

J'ai eu peur de la honte, oui, Monsieur.

DAUBENTON.

Savez-vous que votre indifférence a dû nuire à la cause de Lesurques; savez-vous que beaucoup de gens ont soupçonné qu'un père, pour abandonner ainsi son fils, doit avoir la première preuve de son crime. (*Le greffier entre de droite et vient vers Jérôme.*)

JÉROME.

Monsieur, je n'ai plus à m'occuper désormais de ce que pensent les hommes! Je ne sais qu'une chose, c'est que Dieu est juste; je n'espère qu'une chose, c'est que Dieu sera bon. (*Le greffier lui fait signe qu'il faut sortir*).

SCÈNE III.

LES MÊMES, LESURQUES, CHOPPARD, COURRIOL.

DAUBENTON, *à Jérôme.*

Vous ne pouvez rester ici, voici les accusés.

JÉROME, *à Daubenton.*

Oh! je ne lui parlerai pas! Je me cacherai... Laissez-moi seulement le voir. (*Daubenton lui fait signe de se mettre à l'écart, le greffier lui indique la gauche; Jérôme se met le long de la muraille.*)

CHOPPARD, *entrant de droite.*

Merci!... ça va mieux; on étouffait là-bas, voyez-vous. (*Courriol entre.*)

DAUBENTON, *aux accusés.*

Vous attendrez ici... La porte que voilà ouvre comme celle de la geôle, sur la salle d'audience... Asseyez-vous. (*Il leur indique un banc à droite.*)

LESURQUES, *entrant toujours de droite, et à Daubenton.*

Merci, Monsieur! (*Apercevant Jérôme.*) Mon père!... (*Jérôme se détourne, Lesurques aussi.*) Seul, seul en ce monde, avec le mépris et l'horreur de tous ceux qui m'aimaient!...

COURRIOL, *à Choppard.*

Est-ce que vous ne trouvez pas, Choppard, que cela fait de la peine de voir souffrir ainsi un innocent?... Voyez donc son père qui est là et qui ne lui parle même pas!

CHOPPARD.

Il ne faut pas me demander de sensibilité, à moi, je n'en ai pas... Si nous en réchappons, il est sauvé avec nous; et si nous sommes enfoncés... eh bien! après moi la fin du monde!..

COURRIOL.

Mais enfin, si nous sommes tous condamnés, il n'y aura plus à y revenir, et alors on pourrait bien avouer que ce pauvre garçon n'en était pas.

CHOPPARD.

Qu'est-ce que tu dis là?... il n'y aura plus à y revenir!... Eh bien! et le pourvoi en cassation? et le recours en grâce auprès du Directoire et le conseil des Cinq-Cents? Si tu avoues que ce pauvre garçon n'en était pas, tu avoues que tu en étais, toi, imbécile! ton pourvoi est rejeté, et puis... couic!..

COURRIOL.

C'est vrai.

CHOPPARD.

Et puis, j'aime Dubosc, moi, je ne veux pas qu'il lui arrive de désagréments.

LESURQUES.

Monsieur Daubenton !

DAUBENTON.

Plaît-il ?

LESURQUES.

Je touche au moment suprême ! Dans une heure, dans un instant, peut-être, le verdict du jury va m'absoudre ou me frapper à jamais... Je n'ai plus d'intérêt à vous mentir, que m'importe l'estime d'un homme, quand je vais être déshonoré aux yeux de l'univers... Eh bien ! je vous jure, monsieur Daubenton, que je n'ai pas commis le crime dont on m'accuse... je le jure sur la majesté de Dieu, qui m'entend et qui me jugera.

DAUBENTON.

Dieu juge dans le ciel ceux qui ont jugé sur la terre. Eh bien ! je ne craindrai pas un jour de me présenter à son tribunal (*arrivent à la porte de gauche Julie et Didier qui montrent des papiers au greffier qui les laisse entrer*), moi, qui ai dirigé cette affaire, et ma conscience ne me reprochera rien, quand je dirai au souverain juge : Lesurques était coupable !...

SCÈNE IV.

LES MÊMES, JULIE, *entrant avec* DIDIER.

JULIE.

Non ! Il est innocent !

LESURQUES.

Ma fille !... Que dit-elle ?...

DAUBENTON.

Vous, Julie !

JÉROME, *tristement*.

Ah ! ma fille !

LESURQUES.

Julie !... mon enfant !...

JULIE, *à Lesurques et à Jérôme*.

Oh ! mon père ! Oh ! grand-père ! il est sauvé !

JÉROME.

Est-elle folle, mon Dieu ?...

DAUBENTON.

Pauvre enfant !...

JULIE, *à Daubenton*.

Monsieur Daubenton... faites prévenir le tribunal, faites suspendre la délibération... faites cela, Monsieur, faites cela ! Cette preuve que nous avons tant de fois cherchée, ce témoignage d'un alibi que mon père n'a jamais réussi à établir...

DAUBENTON.

Eh bien ?

LESURQUES.

Mon Dieu !

JULIE.

Ah ! j'étouffe !... j'étouffe !... Parlez, Didier !

LESURQUES, *prenant sa fille dans ses bras.*

Un alibi !... Parlez, Didier !... parlez !

DIDIER, *à Daubenton.*

Si nous prouvons que M. Lesurques était à Paris le 8 floréal, à sept heures et demie, le croirez-vous innocent ?

DAUBENTON, *à Didier.*

Ah ! c'est impossible...

JÉROME, *à part.*

Oh ! oui, impossible !

DIDIER, *à Daubenton.*

Le croirez-vous innocent ?...

JÉROME, *à part.*

Hélas !

DAUBENTON, *à Didier.*

Voyons, prouvez !...

JULIE, *donnant le registre.*

Tenez.

LESURQUES.

Quoi donc ?...

DAUBENTON, *à Julie.*

Qu'est-ce, ceci ?...

DIDIER.

Le registre de la femme Choppard.

LESURQUES, *à sa fille.*

Je suis sauvé !

JÉROME, *à Didier et à Daubenton.*

Eh bien... quoi ?...

DIDIER, *même jeu.*

Eh bien ! ce livre renferme la preuve que M. Lesurques était à Paris, à sept heures et demie, lisez !

JULIE, *dans les bras de son père, qui est assis où étaient Courriol et Choppard, qui se sont levés et remontent.*

Oh ! oui, lisez !...

DAUBENTON, *feuilletant le registre.*

Mais... je ne vois rien. . Attendez !... non...

DIDIER.

Comment ! vous ne voyez rien !...

JULIE, *venant à Daubenton.*

Laissez-moi vous montrer !...

LESURQUES, *se levant.*

Oui, à la date du 8 floréal.

JÉROME, *à part.*

Les malheureux !... les malheureux !...

DAUBENTON, *cherchant à déchiffrer.*

Je vois bien quelques mots qui ressemblent à floréal, à Lesurques : je vois bien des traces de chiffres, mais tout est gratté, effacé, illisible.

CHOPPARD, *qui a tout écouté.*

Compris, c'est Dubosc !!

DIDIER, *prenant le registre des mains de Daubenton.*

Effacé !... illisible !... Oui... oui.. oui..

LESURQUES *retombe anéanti sur le banc.*

(*Sa fille a passé près de Jérôme, qui est anéanti de ce qui arrive.*)

DIDIER, *qui a pris le registre des mains de Daubenton et qui l'a feuilleté.*

Monsieur, vous voyez qu'on a effacé, vous voyez... mais, qui donc ? mon Dieu... (*A Julie.*) Vous n'avez pas quitté ce livre, Julie ?...

JULIE, *à Didier.*

Non, pendant que je m'habillais, je l'ai enfermé dans mon secrétaire, et je l'y ai retrouvé.

DIDIER.

Jeanne seule a pu le prendre, Jeanne seule ! (*Il va pour sortir.*)

JULIE, *l'arrêtant.*

Oh ! c'est impossible... Jeanne que j'ai sauvée !..

LESURQUES, *hors de lui.*

Qui donc, alors ?... qui donc est assez mon ennemi pour m'avoir ainsi volé la vie et l'honneur ?

SCÈNE V.

LES MÊMES, JEANNE.

JEANNE, *entrant de gauche, et pouvant à peine se soutenir.*

Je vais vous le dire !

JÉROME, JULIE, DIDIER, LESURQUES.

Jeanne !

JEANNE.

Soutenez-moi, car mes forces s'épuisent.

DAUBENTON, *allant à elle.*

Qu'avez-vous ?... vous souffrez ?...

JEANNE.

Oui, oui !!

JULIE, *à Daubenton.*

Du secours, Monsieur ! (*Didier fait asseoir Jeanne, et Daubenton va pour appeler. Jeanne l'arrête.*)

LESURQUES.

Jeanne !... Jeanne !

JEANNE.

Laissez-moi, n'appelez personne avant que j'aie parlé, Monsieur... Tout à l'heure, un homme est entré chez Mademoiselle, par une fenêtre qu'il a brisée : cet homme, vous savez à présent ce qu'il venait faire. Je l'ai vu, je l'ai reconnu ; j'ai voulu appeler, le faire arrêter, il m'a renversée et s'est enfui.

DAUBENTON.

C'est un pieux mensonge inventé par les enfants pour sauver leur père... mais il est trop tard.

JEANNE, *se levant.*

Un mensonge!... Et cette blessure, est-elle un mensonge aussi ?... (*Elle découvre sa poitrine.*)

DAUBENTON.

Du sang!

JULIE.

Un médecin!... un médecin!...

DAUBENTON.

Cet homme vous a frappée, dites-vous?...

JEANNE.

D'un coup de couteau...

TOUS.

Ah!...

JEANNE, *à Daubenton.*

Cet homme, c'est le portrait vivant de M. Lesurques; le hasard a donné les mêmes traits au plus loyal et au plus scélérat des hommes! Demandez à ces deux messieurs s'ils le connaissent, celui dont je veux parler.

COURRIOL.

Mon Dieu !

JEANNE, *allant à eux.*

Eh bien! ils se taisent, ils ne l'ont pas déjà nommé !... Vous vous taisez, monsieur Courriol?

COURRIOL.

Mais...

JEANNE.

Qui donc peut avoir intérêt à laisser condamner M. Lesurques? qui donc a pu briser une fenêtre, pour venir détruire la preuve de son innocence? qui donc est assez exercé au crime, pour assassiner une femme d'un seul coup aussi sûr que celui-là ?...

COURRIOL, *reculant d'effroi.*

Affreux! affreux!!

JEANNE, *allant à Courriol.*

Allons, un peu de courage, vous n'avez rien à espérer des hommes, méritez le pardon de Dieu! Nommez l'assassin, nommez-le!

COURRIOL, *reculant de plus en plus.*

Oh!

JEANNE, *allant près de Choppard, qui est impassible.*

Et vous, Monsieur, prenez garde, votre femme avouera, si vous n'avouez pas! Vous vous taisez encore! Voyez!... je meurs, moi, je meurs assassinée par ce misérable, moi, la mère de son enfant! Voulez-vous parler? voulez-vous racheter votre crime par un mouvement de générosité?.. non... Eh bien! je vais vous marquer de mon sang. (*Jeanne touche Choppard, qui s'éloigne d'elle.*)

CHOPPARD.

Nom d'un tonnerre!

JEANNE, *tombant à terre.*

Cette fois, encore, vous serez les complices de Dubosc!

TOUS.

Dubosc!

COURRIOL.

Grâce! grâce!...

JEANNE.

Ah! il avoue...

COURRIOL.

J'avoue!...

LESURQUES.

Ah! ah! enfin!! (*Mouvement.*)

DAUBENTON, *à Courriol.*

Vous avouez qu'il y a un homme, nommé Dubosc, qui ressemble à M. Lesurques?

COURRIOL.

Oui.

CHOPPARD, *à Courriol.*

Ah! gredin, tu as mangé le morceau!

COURRIOL.

Je le sais, mais j'avoue... J'ai pu commettre un crime, je n'en commettrai pas deux! j'avoue...

LESURQUES.

Merci! merci, mon Dieu!... (*Didier et Julie se précipitent dans les bras de Lesurques.*)

DAUBENTON, *s'approchant de Choppard.*

Mais vous, Choppard, vous niez encore, n'est-ce pas?...

CHOPPARD, *égaré.*

Moi!...

LESURQUES.

Oh! niez si vous le voulez, Monsieur : je vous pardonne, mes enfants m'ont embrassé!

CHOPPARD, *à part.*

J'ai pas d'enfants!...

DAUBENTON, *à Choppard.*

Vous persistez à soutenir que Lesurques est un assassin?...

CHOPPARD.

Eh ben!...

JULIE, *suppliant Choppard.*

Ah! Monsieur, par pitié, par grâce, la vérité, la vérité! Voyez, votre compagnon l'a dite, lui... Avouez aussi, un mot, un seul mot de vous et mon père est sauvé!...

CHOPPARD, *hors de lui.*

Nom d'un tonnerre!... c'est ma tête que vous me demandez-là!... Eh bien, puisque la mèche est éventée... puisque v'là qu'on sait tout, ou à peu près... Ma foi! puisqu'il n'y a pas moyen de nier... Eh bien! j'avoue, Lesurques est innocent... et puisque Courriol en a mangé... eh bien, j'en croquerai plus que lui... (*Mouvement.*) C'est Dubosc qui a conçu l'idée du meurtre; c'est avec lui que nous sommes allés à Lieursaint; ceux qui disent avoir vu Lesurques avec nous à Lieursaint, ceux-là en ont menti, ils n'ont vu que Dubosc!... (*A Julie.*) Là! êtes-vous contente, je vous ai donné ma tête! Mais, bah! après tout, ce n'est pas un fameux cadeau que je vous ai fait là!... (*Il remonte au fond.*)

JEANNE.

Emmenez-moi, je puis mourir. (*On l'emmène; le geôlier paraît à la porte de droite et se met à l'écart.*)

DAUBENTON.

Pardonnez-moi, Lesurques, je vous fais réparation d'honneur. (*Il lui baise la main.*)

JÉROME, *s'approche lentement, il tremble, il chancelle; s'agenouillant avec un sanglot profond.*

Pardon! pardon! pardon!...

(*Lesurques relève son père et l'embrasse.*)

LESURQUES.

Mon père! mon père!...

JÉROME.

Mon fils! mon bon fils!...

DAUBENTON, *pendant ce temps a écrit et donne le billet au geôlier, qui sort de suite et revient de même.*

Ce billet au président des Assises, qu'il suspende tout... vite! vite!...

JULIE, *à son père.*

Et à présent, mon bon père, qui donc oserait vous condamner?...

DAUBENTON.

Oh! non, il en est temps encore, et je viens... (*Au geôlier qui vient d'entrer.*) Eh bien, Joseph, mon billet!...

LE GEOLIER.

Impossible, Monsieur, le jury a rendu son verdict! (*Sonnette de la cour.*)

SCÈNE VI.

LES MÊMES, LE GREFFIER.

LE GREFFIER, *entre du fond, la porte reste ouverte et laisse voir la place des accusés; les gendarmes sont en vue du public.*

La cour attend les accusés!...

(*Les trois accusés entrent dans leur banc qu'on voit au fond.*

VOIX DU PRÉSIDENT, *qui n'est pas en vue du public.*

Ouï, M. le procureur-général, en son réquisitoire; ouï, les accusés, dans leur défense; vu les déclarations du jury, le tribunal condamne Courriol, Choppard et Lesurques à la peine de mort!...

JULIE, DIDIER, DAUBENTON, JÉROME.

Ah!...

LESURQUES, *les montrant et les embrassant.*

Voilà mes juges!... et ils m'ont absous!...

DAUBENTON.

Lesurques, je te sauverai!...

FIN DU 4e ACTE ET DU 6e TABLEAU.

ACTE V.

SEPTIÈME TABLEAU.

La Conciergerie.

Le théâtre représente une voûte du palais; au fond une grille; un factionnaire se promène derrière; le geôlier est appuyé à la porte de la grille; on peut entrer aussi de droite et de gauche, premier plan, en dedans de la grille.

SCÈNE PREMIÈRE.

LE GEOLIER, DIDIER.

LE GEOLIER, *à Didier qui entre.*

Que voulez-vous, Monsieur?..

DIDIER.

J'ai une lettre de M. Daubenton, qui me donne rendez-vous ici.

LE GEOLIER.

Attendez, alors!

DIDIER.

Une question, mon ami... Comment se porte M. Lesurques? Hélas! depuis qu'il est au secret, nous ne l'avons pas vu. (*Il lui offre de l'argent.*)

LE GEOLIER, *refusant.*

Merci, Monsieur, quant il s'agit d'obéir à M. Daubenton, je n'ai pas besoin de récompense. Vous me parlez du condamné Lesurques, ce pauvre homme... Ah! il se porte trop bien!...

DIDIER.

Qu'est-ce à dire?... pourquoi le plaignez-vous ainsi?...

LE GEOLIER, *voyant Daubenton qui entre à gauche.*

Voici M. Daubenton, il vous dira ce que je ne puis vous dire... (*Il sort.*)

SCÈNE II.

LES MÊMES, DAUBENTON.

DIDIER.

Vous m'avez mandé, cher Monsieur?...

DAUBENTON.

Hélas! oui... vous êtes courageux, calme, vous, monsieur Didier... C'est à vous que je conterai d'abord la fatale nouvelle... Voilà pourquoi je vous ai fait prier de venir ici.

DIDIER.

Oh! mon Dieu!

DAUBENTON.

Le pourvoi est rejeté!...

DIDIER.

Rejeté! rejeté! le pourvoi d'un innocent!...

DAUBENTON.

Vous savez, mon ami, que la cour de cassation, lorsqu'elle revise un procès, n'a d'autre mission que de constater les vices de forme et non la justice ou l'injustice de l'arrêt. Cet arrêt fut-il injuste, s'il a été régulièrement rendu, la cour de cassation le maintient.

DIDIER.

Mais alors... Monsieur... quand le pourvoi est rejeté ?...

DAUBENTON.

Mon cher Didier, je vous ai fait venir pour vous engager à voir le père et la fille de Lesurques, tâchez de les modérer, tâchez de leur laisser ignorer ce qui se passe... Et... pour le reste, fiez-vous à moi... Où sont-ils ?...

DIDIER.

Tous deux veillaient ce matin encore la pauvre Jeanne, qui, depuis un mois n'est soutenue que par son courage, et que les médecins ont abandonnée hier.

DAUBENTON.

Pauvre victime !... son dévouement n'aura servi, jusqu'à présent, qu'à faire connaître l'existence de ce Dubosc. Toutes les recherches de la police ont été infructueuses... Oh ! si l'on avait trouvé ce misérable... mais, non, tout conspire contre Lesurques... tout !...

DIDIER.

Mais enfin, Monsieur, que ferez-vous pour le pauvre condamné ?...

DAUBENTON.

Vous le saurez lorsqu'il en sera temps. Retournez chez vos amis... dites à mademoiselle Julie, dites à Jérôme qu'ils se hâtent... qu'ils aillent au Directoire solliciter, sinon la grâce de Lesurques, ce qu'on ne leur accorderait pas, puisque la Constitution ôte ce droit aux directeurs, du moins un sursis... Pendant ce temps, nous trouverons Dubosc... et, Dubosc retrouvé, c'est l'origine d'un nouveau procès, d'où votre père sortira libre et triomphant. . Ne perdez pas une minute, Didier... Allez ! allez !...

DIDIER.

Ah ! j'y cours !... j'y cours !... (*Il sort.*)

SCÈNE III.

DAUBENTON, LE GEOLIER.

DAUBENTON, *appelant à la grille.*

Joseph !...

LE GEOLIER, *entre.*

Monsieur !...

DAUBENTON.

Ferme la porte de cette grille.

JOSEPH.

Voilà, Monsieur.

DAUBENTON.

Puis-je compter sur toi comme tant de fois tu me l'as promis ?...

JOSEPH.

Monsieur, sous la terreur, ma femme, qui était au service de Mme de Noailles, allait être condamnée par le tribunal révolutionnaire, vous l'avez sauvée, je vous ai voué une éternelle reconnaissance, parlez, que voulez-vous de moi ?

DAUBENTON.

Tu vas monter chez le condamné Lesurques.

JOSEPH.

C'est l'heure !

DAUBENTON.

Voici un paquet que tu déposeras sur sa table, cache-le soigneusement, que nul ne puisse le voir !..

JOSEPH.

Bien, Monsieur.

DAUBENTON.

Et puis, ne t'occupe pas de ce que fera le condamné, tu m'entends? le reste me regarde, va !

JOSEPH.

A l'instant même. (*Il sort à gauche.*)

DAUBENTON, *seul.*

En obéissant à la loi, j'ai failli verser le sang d'un innocent... qui pourrait me blâmer de ce que je fais pour sauver cette victime !...

SCÈNE IV.

DAUBENTON, JÉROME,

JÉROME, *entrant de droite tout effaré.*

Monsieur !... Monsieur !...

DAUBENTON.

Vous, Jérôme, vous !...

JÉROME.

Qu'ai-je appris!... que dit-on !... quel est ce mouvement dans le palais ?...

DAUBENTON.

Vous n'avez pas vu Didier ?

JÉROME.

Non !

DAUBENTON.

Et votre fille Julie ?

JÉROME.

Là-bas, au fond de notre petit jardin solitaire, dans cette maison que tous nos amis ont abandonnée... nous n'avions pas de nouvelles, Didier ne rentrait pas; Julie m'a prié de venir vous trouver... en chemin... Ah !... monsieur Daubenton, que de monde.. que de gens empressés, marchant par groupes, se hâtant, tous suivant la même direction ! A mesure que j'avançais il me semblait voir augmenter la foule... J'arrivai sur les quais, et à peine pouvais-je me frayer un chemin; il y avait sur tous ces visages une expression qui m'épouvantait... Cependant j'avançais toujours !... Enfin je traversai le pont Notre-Dame, et de là... sur la place de Grève... J'aperçus... Ah !... Monsieur, Monsieur, dites-moi que je n'ai rien vu !..

DAUBENTON, *avec tristesse.*

Pauvre père !...

JÉROME, *abattu.*

Est-il vrai que le pourvoi a été rejeté ?

DAUBENTON.

C'est vrai !

JÉROME.

Il n'y a pas d'autre ressource?

DAUBENTON.

En ce moment votre fille supplie les directeurs.

JÉROME.

Ils n'ont pas le droit de faire grâce.

DAUBENTON.

Peut-être accorderont-ils un sursis.

JÉROME.

Monsieur !... vous savez qu'on dresse l'échafaud, venez...

DAUBENTON.

Du calme, je vous en prie !...

JÉROME, *fausse sortie.*

Si le Directoire n'a pas le droit de faire grâce, le conseil des Cinq-Cents nous reste !... Venez, venez... (*Il invite Daubenton à le suivre.*)

DAUBENTON.

Les députés font les lois, ils n'en surveillent pas l'exécution...

JÉROME.

Et parce qu'il n'y a pas de maître en France, parce que chacun vit pour soi, selon sa volonté, personne ne me dira : Pauvre père, reprends ton fils !... personne ne dira : Juges, vous vous êtes trompés; juges vous avez condamné un innocent !... parce qu'un homme ressemble à un autre homme, c'est-là son seul crime, Monsieur, il mourra, il mourra de la mort des lâches, des voleurs et des meurtriers !

DAUBENTON, *avec une émotion marquée.*

Mon ami, je vous en conjure...

JÉROME.

Tout le monde sait que mon fils n'est pas coupable; ceux qu'on appelait ses complices l'ont justifié par des aveux si formels, qu'il ne reste plus l'ombre d'un doute dans les esprits !.. Ce n'est plus un accusé, c'est un martyr; et qu'importe que la loi n'ait pas prévu l'horrible hasard qui nous frappe; qu'importe que la politique ne laisse plus à un roi le privilége de terrasser le hasard !... La tête d'un honnête homme, M. le juge, pèse autant que la plus riche couronne dans la balance éternelle de Dieu!

DAUBENTON.

Par grâce, calmez-vous!... Tout ce que vous dites là, mon ami, retombe sur ma tête; eh bien, écoutez-moi!

JÉROME, *hors de lui.*

Ne me dites pas qu'on refusera la grâce de mon fils, c'est impossible! c'est impossible!

SCÈNE V.

LES MÊMES, DIDIER, JULIE.

DIDIER, *entre avec précipitation.*

C'est vrai.

JÉROME, *à Didier.*

Ils ont refusé?...

(*Voyant Julie entrer, il va au-devant d'elle, elle peut à peine se soutenir; il la prend dans ses bras.*)

JÉROME, *à Julie.*

Ils ont refusé!

JULIE, *pleurant.*

Je me suis jetée à leurs pieds, je leur ai demandé la vie de mon père, j'ai offert la mienne en échange, je leur ai dit: vous savez qu'il est innocent... Ces hommes ne sont pas des méchants, ces hommes ont un cœur, ils se sont attendris; l'un d'eux a versé des larmes, et ils m'ont refusé!

JÉROME, *désespéré.*

Mon Dieu!... mon Dieu!...

JULIE, *hors d'elle, à Daubenton et parcourant le théâtre.*

Je veux voir mon père, moi... où est-il?... Cette foule qui gronde... ces sinistres apprêts, mon père est ici, n'est-ce pas, Monsieur?.. vous qui l'avez fait condamner, c'est à vous que je le demande, rendez-le moi!... rendez-le moi!...

DAUBENTON, *après avoir regardé partout.*

Eh bien, oui, je vous le rendrai!... oui, moi qui souffre autant que vous, moi qui ai fait le mal, je le réparerai, soyez tranquille!

JULIE.

Vous!

JÉROME.

Vous sauverez mon fils!...

DAUBENTON, *les prenant à part tous deux.*

Je savais que nous n'avions plus d'espoir, je savais le rejet du pourvoi, j'avais prévu le refus du Directoire, et ce matin, d'après les ordres du procureur-général, j'avais dû commander les apprêts du supplice. Mais, en obéissant à mon devoir de magistrat, je me réservai d'obéir à mon cœur, à l'humanité, à l'amitié que j'ai pour vous, pauvre père! pour vous, pauvre enfant! pour lui, ce noble martyr! A une heure, Lesurques a trouvé sur sa table un paquet; dans ce paquet il y a une lettre qui lui annonce que l'exécution doit avoir lieu aujourd'hui, qu'une chaise de poste l'attend au coin de la rue du Harlay; dans le paquet il a trouvé aussi une clef qui ouvre la porte de sa prison !...

JULIE, *à Daubenton.*

Ah ! Monsieur. . Monsieur...

JÉROME, *à Daubenton.*

Monsieur, vous êtes notre sauveur ! mais s'il rencontre quelqu'un dans les couloirs, un guichetier.

DAUBENTON, *à Jérome.*

Celui qu'il pourrait rencontrer c'est un homme qui m'est dévoué, que j'ai prévenu, qui fermera les yeux.

JULIE.

Ainsi à l'heure qu'il est, il est sauvé peut-être !...

DAUBENTON.

A l'heure qu'il est, votre père n'a plus rien à craindre et trouvera dans la voiture le passeport dont il a besoin pour gagner Dieppe et s'embarquer...

DIDIER, JULIE, JÉROME.

Oh !

DAUBENTON, *examinant partout.*

Mais silence !... cachez cette joie ! que nul ne la soupçonne ! tout le monde ici fait des vœux pour le salut de votre père, mais chacun a son devoir à remplir. C'est à trois heures que les condamnés doivent être amenés au greffe pour accomplir les dernières formalités et recevoir les derniers adieux de leurs proches... à trois heures, vous serez sûrs qu'il est sauvé !

JÉROME.

A trois heures !...

DIDIER.

Dans vingt minutes !...

JULIE.

Oh ! mon cœur, mon cœur pourra-t-il battre ainsi jusqu'à ce moment-là !...

DAUBENTON.

A trois heures, quand vous verrez les autres et que vous ne le verrez pas, lui, oh ! contenez-vous !...

JÉROME, *à Daubenton.*

Oui, oui, soyez tranquille, nous nous contiendrons.

JULIE.

Que vous êtes bon, mon Dieu !...

JÉROME.

Mon Dieu ! pardonnez-nous d'avoir douté !...

(*Trois quarts sonnent.*)

DIDIER.

Les trois quarts de deux heures.

JÉROME.

Mais qui vient là?...

(*La grille du fond s'ouvre, le geôlier, le prêtre et le bourreau traversent et vont à gauche, les gendarmes et l'exempt restent au fond.*)

DAUBENTON.

Ne vous effrayez pas!... ce sont les officiers de la prison, c'est l'abbé qui exhorte les condamnés.

JULIE, *montrant le bourreau.*

Et cet homme, mon Dieu, qui est-il?

DAUBENTON, *à Julie.*

Remerciez Dieu qui lui arrache votre père, priez pour ceux qui vont lui appartenir! (*Daubenton regarde partout.*)

JÉROME.

Donne-moi ta main, Julie.

JULIE.

Oui, grand-père, oui...

JÉROME, *à Didier.*

Comme le temps passe lentement... n'est-ce pas, Didier?...

DIDIER.

Oui, oui!...

JÉROME.

Du courage, ma petite Julie.

JULIE.

J'en ai, grand-père...

JÉROME, *prenant Julie dans ses bras.*

Tu sais ce qu'a dit M. Daubenton, quand nous verrons les autres, et que nous ne le verrons pas, lui, cachons bien notre joie, n'insultons pas à ces malheureux...

JULIE, *à Jérome.*

Oh! non... ce serait mal... non... Trois heures ne sonneront jamais!

DAUBENTON, *bas.*

Allons, nous touchons au terme de l'épreuve.

(*Trois heures sonnent. Jérôme, Julie, Didier, se tenant groupés, regardent avidement la porte de gauche qui s'ouvre.*)

SCÈNE VI.

LES MÊMES, *puis* COURRIOL, *puis* CHOPPARD, *suivis de gendarmes; ils traversent et sortent par la grille du fond. Le bourreau reste au fond et attend Lesurques.*

JULIE.

Un, deux!

JÉROME.

Il n'y est pas!... (*Lesurques paraît; Julie pousse un grand cri.*)

DAUBENTON.

Ah! il est resté!...

JÉROME, *s'élançant au-devant de son fils.*

Malheureux! Mais sais-tu qu'ils ont refusé ta grâce?...

LESURQUES.

Ma grâce!... Je ne la demandais pas: on ne fait grâce qu'à un coupable... Et puisque la justice ne peut défaire ce qu'elle a fait, je n'ai rien à dire; je me résigne: je mourrai...

DAUBENTON, *à Lesurques.*

Oh ! qu'avez-vous fait, qu'avez-vous fait ?...

LESURQUES, *à Daubenton.*

Remerciez pour moi cet ami inconnu pour son dévouement à mon malheur !... Je ne pouvais accepter de fuir !.. Qui donc eût cru à mon innocence ?... (*Plus bas.*) Tenez, reprenez cette clé, dont je n'ai pu me défaire : trouvée là-haut, elle compromettrait l'inconnu qui m'a voulu sauver... Sa lettre est anéantie... soyez tranquille !

DAUBENTON.

Oh ! vous me laissez dans le cœur un remords éternel !...

LESURQUES.

Que parlez-vous de remords !... vous m'avez condamné selon votre conscience.

DAUBENTON.

Mais je vous ai condamné !

LESURQUES.

Ce n'est pas vous, c'est la fatalité !... Mes amis, serrez-vous bien contre mon cœur ! (*Julie, Didier et Jérôme viennent vers lui.*) Le moment approche, ne pleure pas ainsi, Julie, tu m'ôterais mon courage, et il m'en faut, vois-tu, pour quitter la vie que votre amour à tous me faisait si douce !... Mais vous, mon père, toi, Didier, vous êtes des hommes, j'ai droit de vous demander de la résignation... Que voulez-vous... je n'ai pu fuir ma destinée !...

JULIE, *s'évanouissant dans les bras de son père.*

Mon père ! mon père !...

LESURQUES.

Ma pauvre enfant ! adieu ! adieu !... Didier, je te la confie, elle est à toi, tâche qu'elle m'oublie, je te bénirai du haut du ciel !..... (*Didier la prend des bras de Lesurques et l'emmène par la droite. Lesurques à Jérôme* :) Adieu, mon père ! mon bon père !... Voyez : ce n'est pas un supplice, c'est un triomphe ! je ne vais pas à l'échafaud, je vais à Dieu !!

JÉROME, *sanglottant et embrassant son fils.*

Oui, oui, devant Dieu ! mon fils, devant Dieu !... (*Il tombe à genoux, Lesurques se dégage de son père, fait un signe à Daubenton, et sort par le fond. Le cortége s'éloigne par la gauche. Jérôme reste anéanti. Soudain entre Jeanne, un papier à la main. Premier plan à gauche, elle s'élance vers Jérôme et Daubenton.*)

JEANNE.

Vous pleurez, vous !...

JÉROME *et* DAUBENTON.

Jeanne ! Jeanne !... (*Jérôme se relève.*)

JEANNE.

Moi, je vais le sauver ou le venger !...

JÉROME *et* DAUBENTON.

Vous savez où est Dubosc ?...

JEANNE.

Venez! venez!... (*Ils sortent par la droite, premier plan.— Changement à vue.*)

FIN DU 7e TABLEAU.

HUITIÈME TABLEAU.

Le théâtre représente le balcon extérieur, au premier étage, d'un cabaret, au coin de la place de Grève. Au fond on voit le quai et les tours Notre-Dame; une table à droite où est assis Dubosc, qui boit; Fouinard est debout devant lui. A gauche, un pilier et jeu de tonneau; une table: le poteau sert pour la disparition de Dubosc; son sosie le remplace en tournant à l'entour du poteau. Tous les cris se font au fond et non en vue du public. A droite, une voûte qui est un escalier pour aller en bas. — Ouverture au fond de la terrasse.

SCÈNE PREMIÈRE.

DUBOSC, FOUINARD.

DUBOSC.

A boire! j'ai soif!...

FOUINARD, *inquiet.*

Tu as assez bu! va-t-en, ou bien cache-toi, il faut que je descende en bas à la boutique!

DUBOSC, *échauffé par le vin.*

Je ne veux pas me cacher! je ne veux pas m'en aller, je veux boire!...

FOUINARD.

Mais au moins ne reste pas sur cette terrasse. Songe donc que c'est en bas, que le cortége passera dans un moment, et si l'on te voyait, si l'on montait sur cette terrasse?

DUBOSC.

On n'y montera pas puisque je l'ai louée pour moi tout seul! Je tiens à voir à mon aise, moi. D'ici on domine la place de Grève, c'est un coup d'œil superbe.

FOUINARD, *s'éloigne de Dubosc.*

Malheureux!...

DUBOSC, *se lève et va vers Fouinard.*

Ah ça! est-ce que par hasard tu aurais des préférences pour le vertueux Lesurques?..

FOUINARD.

Ah! mon Dieu... pourquoi pas, est-ce que ce malheureux n'est pas à plaindre?

DUBOSC.

De quoi à plaindre?.. aimerais-tu mieux que ce soit moi qui aille figurer là-bas, au lieu de lui?... (*Il le prend au collet.*)

FOUINARD, *haut.*

Non, mon ami Dubosc, non... (*A part.*) As pas peur! Oh! si les autres peuvent arriver à temps!... (*Haut.*) Mais ne bois pas tant...

DUBOSC, *criant.*

Allons donc!...

FOUINARD.

Ne crie pas, et surtout tâche que personne ne te voie, car nous serions tous perdus!...

DUBOSC, *prenant Fouinard par le cou.*

Sois tranquille! mais vois-tu, je veux être sûr, mais là bien sûr, que mon remplaçant m'a remplacé... parce que je connais ma légale, moi! quand un homme, à tort ou à raison, a payé pour une chose sa dette à la société, la société n'a pas le droit de la faire payer à un autre une deuxième fois.

FOUINARD.

Ah! oui, mais nous avons l'affaire de cette petite dame, pour le registre.

DUBOSC.

Jeanne!...

FOUINARD.

Tu sais... ce petit assassinat?...

DUBOSC, *d'un air aviné.*

La seule femme que j'aie jamais aimée!

FOUINARD, *à part.*

J'entends du bruit!... ce sont eux... (*Haut.*) Mon Dieu! pourvu que personne ne monte ici!...

DUBOSC, *prend Fouinard par le bras et le fait pirouetter. Il tombe à terre.*

C'est ton affaire... Veille au grain!...

FOUINARD, *se relevant.*

J'y vas. (*A part, en sortant.*) Si j'osais, je lui tordrais le cou... mais il est plus fort que moi... Et Jeanne qui ne revient pas!... (*La foule murmure. Il sort en courant.*)

DUBOSC, *seul, près de la terrasse, au fond.*

Les voilà!... ce sont bien eux!... ils approchent!... (*Ici les cris de la foule sont plus forts.*) Va!.. mais, va donc, charrette du diable!... Plus vite!... plus vite encore!... encore quelques tours de roue, et je suis sauvé!... (*Les cris s'arrêtent net.*) Elle s'arrête!... morbleu!... avancez donc!... (*Il s'élance vers l'ouverture, et recule vers le poteau.*) Imbécile! qu'allais-je faire?... (*Reprise des cris. Il se cache derrière un pilier, son sosie paraît à sa place.*)

SCÈNE II.

COURRIOL, CHOPPARD, LESURQUES.

(*Cris de la foule:*) Les voilà!... les voilà!...

(*Arrivée de la charrette au-dessous du balcon.*)

COURRIOL.

Lesurques est innocent!...

CHOPPARD.

Oui, Lesurques est innocent!...

LA FOULE.

Grâce! grâce! pour Lesurques!...

LESURQUES.

Mes amis! (*ici les cris s'arrêtent*) j'ai un père, j'ai une fille, je les recommande aux honnêtes gens sur la terre, en attendant de les revoir dans le ciel !...

LA FOULE.

Grâce ! grâce !...

COURRIOL.

Oui, il est innocent !... Choppard et moi nous sommes seuls coupables !... Tuez-nous, nous en avons assez fait pour mourir !... Mais lui, ce malheureux !.. rendez-le à sa famille, à ses enfants !...

LA FOULE.

Grâce pour Lesurques !

SCÈNE III.

DUBOSC, *reparaît, et va vers l'ouverture.*

Je ne vois pas bien !... Ah ! encore six échelons, et je suis sauvé !...

SCÈNE IV.

DUBOSC, JÉROME, *entrant*, JEANNE.

JEANNE, *paraissant, aidée de Fouinard qui l'aide à monter, va vers Dubosc.*

Bonjour, Dubosc !...

DUBOSC.

Jeanne! (*Il va pour se sauver, Jérôme arrive et le saisit au collet; il est suivi de Daubenton, de l'agent et des gendarmes.*)

JÉROME.

Dubosc !!

DAUBENTON.

Dubosc ! c'est bien lui... (*Il fait signe de l'arrêter.*) Allez, allez !

JÉROME, *force Dubosc à venir se montrer à la foule.*

Misérable !... Tenez ! tenez !... l'assassin, le voilà !... Epargnez mon fils !... (*Il le traîne au fond. — Quatre heures sonnent !... — Jeanne tombe évanouie. — Cris de la foule; la foule arrive. — On s'empare de Dubosc.*) Trop tard !.....

DAUBENTON.

J'en appelle à la postérité !!! (*Tableau.*)

FIN.

Poissy. — Typographie ARBIEU.

www.ingramcontent.com/pod-product-compliance
Ingram Content Group UK Ltd.
Pitfield, Milton Keynes, MK11 3LW, UK
UKHW020932180726
13838UKWH00002B/891

9 782329 357638